Magia
PARA
DUMMIES ™

David Pogue

Traducción: Mercedes Guhl y
Salvador Virgen

Obra editada en colaboración con Centro Libros PAPF, S.L.U. – España

Título original en inglés: *Magic For Dummies*
de David Pogue

Edición publicada mediante acuerdo con Wiley Publishing, Inc.
...For Dummies y los logos de Wiley Publishing, Inc. son marcas
registradas utilizadas bajo licencia exclusiva de Wiley Publishing, Inc.

Traducción: Mercedes Guhl y Salvador Virgen

© 2010, Centro Libros PAPF, S.L.U.
Grupo Planeta
Avda. Diagonal, 662-664
08034 – Barcelona

Reservados todos los derechos

© 2011, Editorial Planeta Mexicana, S.A. de C.V.
Bajo el sello editorial CEAC M.R.
Avenida Presidente Masarik núm. 111, 2o. piso
Colonia Chapultepec Morales
C.P. 11570 México, D. F.
www.editorialplaneta.com.mx

Primera edición impresa en España: junio de 2010
ISBN: 978-84-329-2076-9

Primera edición impresa en México: abril de 2011
ISBN: 978-607-07-0703-2

Impreso en los talleres de Litográfica Ingramex, S.A. de C.V.
Centeno núm. 162, colonia Granjas Esmeralda, México, D.F.
Impreso en México – *Printed in Mexico*

Sobre el autor

Desde los nueve años, **David Pogue** (quien aparece en la figura 1-3) fue el mago oficial en prácticamente cualquier fiesta de cumpleaños, de barrio o de disfraces en su ciudad natal, Cleveland, hasta que viajó a Yale para cursar estudios universitarios. Tras licenciarse se mudó a Nueva York, donde dirigió musicales en Broadway durante diez años. En ese momento fundó los cursos de magia de prestigiosas instituciones de Nueva York, como el Learning Annex y el New School for Social Research.

En sus vidas paralelas, Pogue es columnista de la revista *Macworld* y autor o coautor de los libros *Mac para Dummies, Música clásica para Dummies* y *Ópera para Dummies.* Además de magia, enseña informática, y entre sus alumnos se cuentan celebridades y artistas como Mia Farrow, Carly Simon, Harry Connick Jr. y otros.

Suele dar conferencias en exhibiciones de computadoras y en encuentros de usuarios informáticos por todos los Estados Unidos. Vive con su esposa Jennifer en Connecticut, donde también trabaja como mago, y es miembro de la Hermandad Internacional de Magos. Su página web es www.pogueman.com.

Sobre el asesor

Mark Levy (figura 8-4) se enamoró de la magia cuando tenía cuatro años y el camarero de una cafetería hizo que la letra M apareciera en su mano. En ese momento le picó el bichito de la magia y desde entonces ha recorrido bibliotecas, librerías y tiendas de magia durante treinta años, a partir de lo cual aprendió cuanto pudo sobre cómo hacer aparecer letras en la palma de la mano de otras personas.

Los trucos que ha inventado se han publicado en libros y revistas que hoy en día se consideran clásicos en los Estados Unidos. Su trabajo se centra en el campo editorial, donde ha tenido una carrera muy exitosa. Ha escrito reseñas de libros para periódicos, entrevistas para publicaciones de teatro y artículos para revistas de su ámbito laboral.

El asesor quiere expresar su gratitud a todos sus amigos de *Bookazine* y en especial a su familia: Rhoda (su madre), Stella, Paul, Joyce, Gil, Joan, Irwin y especialmente a Sheldon (su padre) y a su tía Barbara, quienes hubieran disfrutado al ver su nombre impreso en este libro.

Agradecimientos

Este libro no habría sido más que un pálido reflejo de lo que es de no ser por la colaboración de mi amigo de siempre, mago y experto en libros, Mark Levy. Fue idea suya contactar con los principales magos profesionales de Norteamérica e invitarlos a contribuir con un truco para este libro.

Sólo una cosa superó esta idea de Mark: poner en práctica toda la idea. Localizó a todos los miembros de lo que hemos llamado el "consejo de asesores", los convenció de participar en el proyecto, y es el responsable de que colaboraran con trucos y asesoría.

A lo largo del proyecto, Mark fue una constante fuente de inspiración, de ideas y de ingenio, que me ayudó a seleccionar entre cientos de trucos posibles para llegar a los que se incluyen en el libro. También actuó como fuente de capítulos y fue quien redactó "los decálogos".

También quiero expresar mi gratitud y admiración a los profesionales que contribuyeron con su tiempo y sus trucos. Agradezco además la paciencia y el buen humor de los modelos que posaron en las fotografías, a partir de mi idea original de que sería mejor que los lectores pudieran ver a diferentes magos aficionados ejecutando los trucos, en lugar de encontrarse siempre conmigo en todas las fotos.

Doy las gracias también a Jon Racherbaumer, amigo y experto profesional con un conocimiento enciclopédico de la magia. Él, junto con Mark Levy, fue el revisor técnico de este libro, y entre los dos me rescataron más de una vez de caer en algún error.

Como siempre, fue fantástico trabajar con el equipo editorial de Wiley Publishing.

Por último, quiero dar las gracias a David Rogelberg; Steve "Zapatos" Sanderson; el asesor fotográfico Tim Geaney; y, por encima de todos, a la encantadora doctora Pogue y a su hijo, quienes me apoyaron a lo largo del proceso de escritura.

Consejo de asesores

Las siguientes personas colaboraron con este libro con trucos, consejos y material diverso, y los considero mi "consejo de asesores" o "panteón de consejeros". El término *panteón* se refiere a un conjunto de dioses reconocidos oficialmente o a un grupo de personajes ilustres. En el mundo de la magia profesional, estas personas cabrían dentro de ambas categorías.

A continuación enumero sus nombres como agradecimiento, y también para que los tengas en cuenta si tienes la oportunidad de verlos en vivo.

Michael Ammar
Mike Bent
Christopher Broughton
Eugene Burger
Lance Burton
Mike Caveney
John Cornelius
Daryl
Doc Eason
Roberto Farini (también conocido como Bob Farmer)
Paul Harris
Bill Herz
Jade
Kevin James
Aye Jaye
Chad Long
Harry Lorayne
Jay Marshall
Jeff McBride
Tom Mullica
Rich Marotta
Mike Maxwell
Billy McComb

Jon Racherbaumer
Richard Robinson
George Schindler
Jeff Sheridan
Looy Simonoff
Jim Sisti
Tony Spina
Jamy Ian Swiss
Dan Sylvester
Johnny Thompson y su co-estrella Pam
Torkova
Gregory Wilson
Meir Yedid

También quisiera dar las gracias a otros magos que
colaboraron con sus experiencias y con su amistad:
Terry Seabroke; el increíble Jonathan; Barry Lubin;
Todd Robbins; C. W. Wolfe; Dan Harlan; Steve Fearson;
Seth Ossinsky; Ray Hyman; Ron Bauer; Milt Kurt;
Dick Zimmerman; David Seebach; Richard Kaufman;
Zsajsha y Zeke Jaye; Erika Larsen y Jim Krenz; Stan
Allen; Peter Reveen y Dave Goodsell.

* * *

Granica agradece muy especialmente la colaboración
de **Jorge Blass**, ilusionista de prestigio internacional,
en la edición en español de este libro. También agradece la colaboración de la **Fundación Abracadabra**, or-
ganización sin ánimo de lucro que regala actuaciones
de magia a los grupos menos favorecidos de España,
especialmente a niños hospitalizados, discapacitados
físicos y psíquicos y personas mayores en residencias.

Visita la web de Jorge Blass en www.jorgeblass.com.
Contribuye con la Fundación Abracadabra en
www.fundacionabracadabra.org.

Sumario

Introducción

. . . .

Quizás hayas notado que en esta era de series relacionadas con lo inexplicable y la tecnología, la magia está volviendo a ganar adeptos. En la televisión vemos con mucha frecuencia espectáculos de magia. A lo mejor, la sociedad necesita un respiro del acoso tecnológico, o tal vez estamos en medio de un retorno a lo espiritual, pero no hay discusión sobre el hecho de que la magia, ya sea como pasatiempo, como arte escénica o como creencia, está floreciendo.

Un truco de magia crea una burbuja de incredulidad diminuta y fugaz. Los espectadores se dicen: "Tiene que ser un truco. Casi seguro…". Durante una fracción de segundo, el mago atrae toda la atención de una manera que nadie considera injusta. La magia es la habilidad perfecta para el ejecutivo o el empresario que necesita una manera de romper el hielo; para el joven que busca una forma de aumentar su autoestima; para el torpe que quiere una alternativa positiva para atraer miradas; o para el romántico que quiere impresionar a la chica con quien sale (y funciona. ¡Si lo sabré yo, que conquisté a mi esposa con trucos de magia!).

Acerca de este libro

¿Quieres saber cómo David Copperfield hace desaparecer aviones? ¿Quieres partir a una bella mujer en dos con ayuda de un serrucho? ¿Quieres que tu truco de escapismo de un tanque de agua aparezca en TV? Entonces has escogido el libro equivocado, lo siento.

En todo este libro no encontrarás un solo truco que requiera un equipo de personas, ni nada mayor que un refrigerador, ni accesorio alguno que implique el uso de una sierra. Resulta glorioso ver la magia de escenario de grandes dimensiones, pero espera a ver las caras de las personas cuando la magia aparezca en sus manos. Créeme: el quid de la cuestión no está en saber cómo lo hacen los demás magos, sino en ser tú el mago.

Te enseñaré a ejecutar pequeños milagros. Puedes realizarlos de repente, con objetos que pides en ese mismo instante: monedas, lápices, ropa, cubiertos. Te sorprenderá ver cómo un par de actos extraordinarios con elementos completamente comunes aportan carisma a tu personalidad, impresionan a tus amigos y quizás hasta te consigan un ascenso.

A propósito: en este libro no hay prestidigitación verdadera. Ni uno solo de los trucos exige días y días de practicar para llegar a hacer los pases y movimientos necesarios. Del cúmulo de innumerables trucos que existen en el mundo de la magia, me las arreglé para extraer estos, que son impactantes sin ser necesariamente difíciles. Pero eso ya lo verás con tus propios ojos.

Lo anterior no quiere decir que la magia no exija tener determinadas habilidades, no. Me refiero a que una increíble destreza manual no es requisito para ejecutar estos trucos. El talento necesario es cierto histrionismo, dominio escénico. Un pequeño porcentaje de la ejecución de un truco es el truco en sí. La mayor parte tiene que ver con la presentación: el sentido del tiempo y la oportunidad, el contacto visual con el público, el estilo y la manera de hablar. Si aprendes a hacer bien un truco de magia, encontrarás que también mejoras al pronunciar discursos, contar chistes y comprender la política.

De dónde han salido los trucos

En la mayoría de casos, el mago que inventa un nuevo truco no obtiene un céntimo por su creación. La idea se difunde a través de sus presentaciones, sus conversaciones o en encuentros de magos, y pasa de boca de mago en boca de mago, pero el creador no se va a hacer rico. Tal como lo puede confirmar cualquier abogado, uno no puede patentar una idea para defender sus derechos de autor.

El resultado es que, cuando escriben sobre algún truco, los magos tienen cuidado de mencionar a su creador. Los libros de magia y también los videos están plagados de dichos "créditos". A veces, puede parecernos que resultan demasiado exhaustivos, pero es una tradición noble y considerada.

Si bien no es ilegal publicar una serie de trucos sin dar algún tipo de reconocimiento a quien los inventó, no se considera de buen gusto. Por eso los revisores técnicos de este libro y yo mismo hemos hecho todo lo posible por garantizar que se mencionen los nombres de quienes inventaron y refinaron los trucos que aquí aparecen. En el apéndice titulado "Trucografía" encontrarás el árbol genealógico de cada uno de los trucos.

El resultado es que todos los trucos que figuran en este libro son producto de los sueños y los esfuerzos mejoradores de los 36 magos que colaboraron, o bien son tan antiguos y tradicionales que nadie recuerda quién los inventó.

Sobre el uso de las manos

Para evitar que tanto tú como yo nos volvamos locos, escribí este libro pensando en un aficionado a la magia que fuera diestro. La mano derecha es la que controla casi todos los trucos. Sin embargo, si eres zurdo tienes dos alternativas: la primera, imaginar que donde dice "mano derecha" dice "mano izquierda", o pasar todo el libro por un escáner y luego, con el procesador de textos, buscar todas las veces que aparezca "mano derecha" y sustituirla por "mano izquierda".

Cómo está organizado el libro

El libro está dividido en secciones sobre temas específicos.

Parte 1: Primeros pasos hacia la magia

Lo más difícil de iniciarse en la magia es superar lo que yo llamo el pánico escénico mágico. Se parece muchísimo al miedo que produce ponerse frente al público, pero además se le suma el terror de que alguien descubra el secreto del truco.

Por eso los dos primeros capítulos del libro no implican ningún riesgo de este tipo. Su propósito es que
aprendas a sentirte seguro al ser el centro de atención, con trucos humorísticos o que implican algo de
misterio (como los del capítulo 1), o que no pueden
fallar (los del capítulo 2). De esa forma, aumentarás
tu confianza en tus trucos.

Parte II: Magia en todas partes

Una de las cosas fabulosas de la magia es que puedes
hacerla en cualquier lugar. Este tipo de trucos espontáneos, para los cuales apenas necesitas que alguien
te preste algún objeto, se llaman *magia impromptu*.
Encontrarás trucos con dinero, con material de oficina, prendas de vestir, etc.

Parte III: La zona del restaurante

Para un mago, un restaurante es como el Paraíso.
Estos capítulos te ofrecen trucos que puedes ejecutar
con los objetos de la mesa o con comida, y son idea-
les para un mago al que le guste comer.

Parte IV: Magia de fiesta

Muchos de los trucos que figuran en este libro se
presentan en un escenario que no es mayor que la
palma de tu mano. En estos cuatro capítulos, pasarás
de los trucos de cartas (agrupados en un solo capítulo a pesar de su diversidad) a la magia de salón, con
trucos que implican estar de pie frente a un grupo de

personas sentadas, con elementos como cuerdas o rollos de papel higiénico, y que van del mentalismo a las dotes detectivescas.

Parte V: Los decálogos

Aquí encontrarás tres listas de diez cosas que te acercarán a la magia como pasatiempo y también como arte que ha hecho historia.

Apéndice: Trucografía

Este apéndice es un reconocimiento a los muchos magos que dejaron su huella en este libro.

Iconos utilizados en este libro

Los iconos sirven para orientarte y encontrar aspectos como los siguientes:

Este icono aparece cuando debes hacer algo antes de la ejecución del truco. Como este libro está enfocado hacia trucos que no requieren muchos preparativos, no encontrarás este icono muy a menudo.

Los trucos de este libro no son difíciles, lo cual no quiere decir que no exijan algo de práctica. Este icono señala los pasos que requieren más ensayos. Cuando los domines, el resto será muy sencillo.

Gran parte de la magia tiene que ver con actuar, e incluso con mentir y fingir. Debes pretender que violas las leyes de la naturaleza. Estos son los momentos donde debes echar mano de tus dotes histriónicas.

Distraer implica desviar la atención del público hacia otro punto, para poder así hacer el movimiento crucial del truco sin que nadie lo note. Este icono señala esas ocasiones.

A la mayoría de personas les gusta ver sesiones de magia. Sin embargo, hay algunas que ven en una presentación la oportunidad de descubrir a un charlatán. Este icono aparece en los momentos en que debes tener cuidado para evitar que un espectador atento y con malas intenciones eche a perder el truco.

Este icono señala los sutiles toques que te permiten aumentar la ilusión de magia al aprovecharte ligeramente de la naturaleza humana.

Sí, recomendaciones. Donde encuentres este icono, habrá un sabio consejo extraído de la experiencia en el campo de batalla de la magia.

El proceso de aprender un truco

¿Cómo se aprende un nuevo truco? Primero lees sobre él. Luego consigues los objetos necesarios y lo ensayas en privado. Por lo general, desde un principio ya puedes saber si el truco será bueno o no. Por ejemplo, no hace mucho probé un truco que implicaba hacer pasar un anillo por las cuatro esquinas de una servilleta de tela. ¿Las cuatro? Es como tratar de deslizar una manta por un popote.

Si el truco parece prometedor, la mayoría de los libros recomiendan ensayarlo frente al espejo (y ahora ya sabes por qué los magos pasan tanto tiempo en el baño).

Un espejo es lo mejor para permitirte ver lo que ven tus espectadores, para asegurarte de que el secreto no se ve desde su punto de vista y para practicar los movimientos. Pero tiene un inconveniente grande: tienes que mirar el espejo mientras practicas y a veces eso es algo imposible.

En el mundo real, nunca vas a mirarte, sino que estarás haciendo el truco. Muchos trucos se basan en distraer la mirada del público, llevándola hacia otro foco de atención diferente al que tú también miras. Por eso resulta imposible practicar este tipo de distracción en el espejo, pues en cuanto dejas de mirar el espejo, no ves lo que haces.

Afortunadamente, tuviste la buena suerte de interesarte por la magia en plena era de las cámaras de video. Con ellas puedes resolver el problema, pues te permiten ejecutar el truco tal como lo harías para el público, con los elementos de distracción, de contacto visual, etc. Y luego puedes analizar tus debilidades al mirar el video.

No todo el mundo tiene una cámara, ni un conocido a quién pedírsela. Pero si la consigues, la diferencia en tu progreso será notable. Vale la pena hacer el esfuerzo.

Bienvenido al círculo

Escribir un libro como éste implica ciertos riesgos.

Hay algunos magos profesionales que consideran que la magia es un club privado, un círculo cerrado que no se abre a nuevos miembros. Un profesional que conozco, a quien llamaré el Gran Floyd, se enfadó muchísimo al enterarse de que estaba escribiendo un libro de magia para principiantes. "La magia es para los magos", me dijo. "¡Si publicas ese libro vas a destruir nuestro arte!"

Como coautor de *Ópera para Dummies*, ya estoy familiarizado con formas de arte que algunos consideran un club privado. Sé que hay una categoría superior de "expertos" que, tras años de esfuerzos para alcanzar ese nivel, se sienten amenazados por la idea de abrir las puertas de par en par a quienquiera que demuestre interés por el tema.

Pero mi opinión es que esta gente no entiende la idea. El arte de la magia desaparecerá si no se enseña, si la emoción de ejecutarlo no se difunde y se amplifica. Al fin y al cabo, ¿cómo empezó Floyd su carrera? Lo más seguro es que fue a partir de un libro o de las enseñanzas de algún mago. Estoy convencido de que todos deberíamos conocer al menos un par de trucos de magia. Cuanta más gente se interese por ella, habrá más interesados en verla, inventarla, cultivarla, e incluso en convertirse en admiradores y seguidores de magos como Floyd.

Así que te invito a demostrar que están equivocados. Haz que este arte evolucione aprendiendo a la perfección unos cuantos trucos, y verás que tu vida cambiará de manera inesperada. Te sentirás más seguro ante la mirada del público, tendrás más confianza en ti mismo en el trato cotidiano y te convertirás en una persona más entretenida. Puede que no creas en la magia, pero vas a explorar la magia de la física, de las palabras y de la psicología. En otras palabras, puede ser que descubras la magia de la magia.

Parte I

Primeros pasos hacia la magia

En esta parte...

¿**A**lguna vez has tenido esa pesadilla clásica en la que estás ante una multitud para pronunciar un discurso, pero no recuerdas una palabra de lo que debes decir?

Es un sueño recurrente porque el miedo a la vergüenza en público está codificado en nuestros genes. Los trucos que encontrarás en esta parte son sencillos y sirven para aportarte seguridad. Están diseñados para superar el pánico escénico. Con estos pequeños milagros que no pueden fallar, podrás adaptarte sin traumatismos a ser el centro de atención.

Capítulo 1

La forma es lo que importa

Si has leído la introducción de este libro (cosa que recomiendo), ya sabrás que apenas un mínimo porcentaje de la gracia de un truco de magia está en lo que uno hace. El resto tiene que ver con cómo se hace el truco: el sentido del humor, la sincronía y la plática. Lamento decirlo de manera tan directa pero, tras bambalinas, muchos de los mejores trucos del mundo parecen muy tontos. Ante el público parecen geniales, pero es importante sobreponerse a cierta timidez al hacerlos.

¿Cómo puedo explicar la importancia de la personalidad en la magia? ¿Cómo puedo quitarte la preocupación de que te descubran haciendo algo tonto? ¿Cómo puedo entusiasmarte con la idea de entretener a la gente, incluso aunque te haya gustado llamar la atención ajena?

¡Ya sé! Empezaré el libro con trucos que no son más que un despliegue de histrionismo, o sea, de actuación y teatralidad. Ni siquiera son trucos de verdad. Son ilusiones ópticas, divertidas bromas visuales para reírse. No pretenden engañar a los espectadores sino entretenerlos, cosa que viene a ser el objetivo último de la magia. Como no hay ningún secreto que el público pueda adivinar, no sufrirás ese tipo de pánico escénico.

Estos trucos te ayudarán a crear el hábito de hacer funciones de magia. Inténtalos y podrás hacerte una idea de cómo reacciona la gente. Practica para sentir que estás en un escenario. Imagínate lo que es hablar mientras ejecutas un truco (consulta el recuadro gris "La importancia de la plática", si quieres más información sobre el tema). Cuando domines estos trucos, estarás preparado para el reto de entretener y sorprender al público, y de eso tratará el resto de este libro.

El lápiz que desafía la gravedad

Para este truco no es necesario tener un lápiz. Richard Robinson, el consejero que lo recomendó, utiliza su varita mágica. Pero también puedes hacer tu propia versión con un cuchillo de mesa, un abrecartas, una regla, un popote o cualquier otro objeto de forma similar.

El efecto: Haciendo uso de una enorme concentración y frunciendo el ceño, tomas un lápiz (u otro objeto semejante) con la mano cerrada. Lo elevas por encima de tu cabeza y allí vas abriendo los dedos, uno a uno, sin que se caiga el lápiz. Se mantendrá allí, por sí mismo, desafiando la gravedad.

La importancia de la plática

Platicar es lo que los magos hacen mientras ejecutan un truco.

No todos los magos hablan durante sus sesiones de magia. Algunos usan acompañamiento musical, y sencillamente pulsan el botón que inicia la reproducción del disco antes de empezar su función. Sin embargo, puede ser complicado conseguir un equipo de sonido si quieres hacer trucos en un restaurante o en la cola para comprar entradas para el cine.

Ningún mago hace sus trucos en silencio, a excepción de los mimos. No es cómodo, y resulta menos divertido para el público. Como el acompañamiento musical no es ideal para la magia de cerca y los trucos espontáneos, uno no tiene más remedio que hablar durante su ejecución.

La plática puede tomar varias formas. Si no se te ocurre nada inteligente que decir, puedes limitarte a describir lo que vas haciendo: "Ahora, voy a clavar este cuchillo, que ustedes ya han examinado, en el melón", etc. A veces será posible inventar una historia que acompañe al truco: "Hace muchos siglos, había un cuchillo mágico en la India que se enamoró perdidamente de un melón".

Si eres un ejecutivo que va a iniciar una presentación de negocios con un truco de magia, no es difícil inventarse un parlamento adecuado: "A menudo los consultores son como cuchillos que se clavan en un melón. Sólo se enfrentan a los problemas que saben que pueden resolver". El secreto de la plática consiste en decir algo que acompañe la acción. Puedes decir algo divertido o serio, misterioso, trascendental o entusiasta, pero di algo.

Como la plática es parte fundamental de cualquier buen truco, en cada uno de los que figuran en este libro voy a sugerir qué decir. Si te sirve, fantástico. Si no, di algo de tu propia cosecha. Sea cual sea el caso, no realices tus trucos en silencio.

El secreto: Lo único que realmente desafía la gravedad es el dedo índice de tu otra mano. Como ya he
dicho antes, este truco no engaña a nadie que tenga
más de 9 años (aunque puede sorprender). Pero sale
muy bien y es un buen ejercicio para sobreponerse al
síndrome de "este truco es tan tonto que no lo voy a
hacer".

1. **Frota el lápiz (u otro objeto semejante) en tu
   ropa, como si quisieras cargarlo de electricidad
   estática.**

   Puedes decir: "De niños, ¿alguna vez han jugado
   con la electricidad estática? Yo solía frotar globos
   contra el mantel y, cuando se cargaban, se adhe-
   rían a las paredes".

2. **Pon el lápiz sobre la palma de tu mano izquierda, completamente abierta (foto A, figura 1-1).**

   Para exagerar el efecto, puedes alejarlo de tu piel
   un par de veces, como si estuvieras probando el
   campo de acción de la estática.

3. **Forma un puño alrededor del lápiz. Con la otra
   mano, agarra la muñeca de la que sostiene el
   lápiz, tal como muestra la foto A. Gira el puño,
   de manera que el público vea el dorso de esa
   mano. Al hacerlo, estira el dedo índice derecho
   (que quedará oculto tras la muñeca izquierda),
   que será el encargado de mantener el lápiz en
   su lugar, contra la palma de la mano izquierda
   (fotos B y C).**

   Tendrás que abrir brevemente dos de los dedos
   que forman el puño para permitir que el índice
   derecho se meta bajo ellos.

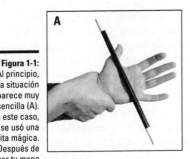
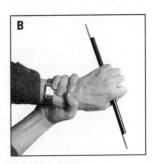

Figura 1-1: Al principio, la situación parece muy sencilla (A). En este caso, se usó una varita mágica. Después de cerrar tu mano izquierda (B), a tu mano derecha (que en C se ve desde tu punto de vista) le falta un dedo pero nadie lo notará. Y de repente, ¡el triunfo sobre la gravedad! (D)

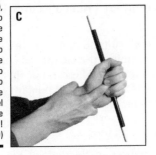
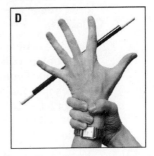

Sí, ya sé que te preocupa que el público vea ese movimiento, pero no lo verá. Primero, tu muñeca oculta el índice. Segundo, el público aún no está del todo atento pues, tal como ve las cosas, todavía no has empezado el truco. Si te comportas como si no hubiera pasado nada importante hasta el momento, los espectadores creerán eso.

Sin embargo, una vez que estés "en posición", tu actitud debe cambiar. Ahora ya estás en el terreno de la ciencia. El público cae en el silencio. Haz todos tus movimientos de forma lenta, deliberada, con mística. Ha llegado la hora de actuar.

"Lo curioso es que... cuando la humedad es la adecuada..." (no te preocupes por dejar las frases incompletas, pues debes dar la impresión de estar muy concentrado). "He descubierto que incluso algunos de los objetos más pesados a veces... A ver...".

4. **Levanta las manos al nivel de tu cabeza, y fija la vista en ellas. Haz un gran despliegue de esfuerzo, equilibrio y riesgo mientras vas abriendo los dedos, uno por uno, de manera que el público crea que el truco requiere gran concentración (foto D).**

   Haz que el pulgar sea el último dedo en abrirse, pues quieres que el público piense que es con ese dedo con el cual mantienes el lápiz en posición. Por eso, cuando finalmente abres el pulgar (y el lápiz no se cae), hay un instante de genuina sorpresa o de risa, según la seriedad con la que te estén mirando los espectadores.

   En este momento, estira bien los dedos de la mano izquierda. Puedes moverla un poco, o sacudirla. Incluso puedes hacer rodar el lápiz misteriosamente por tu palma (con el dedo índice, claro), si bien al hacerlo sabrán de inmediato cuál es el secreto (lo cual no está mal si tu intención es hacer reír o si estás ante un público infantil).

5. **Por último, cierra los dedos nuevamente y baja las manos. Mantén los nudillos de la mano izquierda hacia arriba, para seguir ocultando el dedo índice derecho, que debes retirar y situar junto a los demás dedos de esa mano, alrededor de la muñeca izquierda.**

Acabas de invertir el movimiento que hiciste al principio. Al público no le queda nada más para ver que los dedos de tu mano izquierda que se abren, descubriendo un lápiz común que ya parece haber perdido la estática.

Si alguno de los espectadores parece verdaderamente sorprendido, puedes entregarle el lápiz y decirle: "¿Quieres probar? ¡Es increíble!".

La desaparición de cualquier objeto

Es imposible llegar muy lejos en el estudio de la magia sin enterarte del concepto de *distracción*, o sea, el momento en que uno hace que el público mire hacia otro lado para que así no se dé cuenta de la acción central del truco.

A lo mejor piensas que lograr que la gente mire hacia otro lado es difícil, y más cuando estás rodeado de público. Sin embargo, es terriblemente fácil, gracias a esta pequeña clave psicológica: la gente mira hacia donde tú miras.

Si me llevas a una fiesta y miro fijamente algo detrás de ti, acabarás por darte vuelta para mirar también. Si te miro directamente a los ojos mientras hablamos, también debes mirarme a los ojos. Es inevitable. Nuestro ADN está programado para que miremos a los ojos a quien nos habla y es algo que se nos refuerza día a día.

Verdades de la magia, parte 1.
Nadie cuestiona el procedimiento

En determinado momento del truco del lápiz que desafía la gravedad, que abre este capítulo, se supone que debes sujetarte una muñeca con la otra mano. Independientemente de las veces que realices ese truco, nadie va a preguntar por qué es necesario que sea así. Los espectadores estarán pensando que es para estabilizar la muñeca, o para ayudarla a levantarse en el aire, para alejar los microbios o cualquier otra razón.

La lección que deja este hecho es útil para superar la timidez que pueda producir el hacer magia: el mago es quien tiene la ventaja en cuanto al procedimiento de un truco. Por alguna razón desconocida, el público jamás cuestiona cómo alguien hace algo, sino que asume que las reglas del truco están establecidas.

Pondré un ejemplo: si un mago que por lo general actúa en escenarios realmente hiciera magia, podría cortar a su asistente en dos en pleno Central Park de Nueva York. Pero no lo hace así, sino que la mete en una caja, sobre una mesa, en un escenario, con el público sentado frente a él, a cierta distancia, y bloquea la vista de los espectadores en el preciso momento de cortar a la asistente en dos.

Y nadie se queja de toda esa parafernalia. A los ojos de los espectadores, en cualquier caso, hubo una mujer partida en dos, y eso es un milagro.

Puede que te parezca que es una estrategia demasiado novedosa, pero la usamos todos los días, en todo momento, en circunstancias que nada tienen que ver con la magia. Por ejemplo, si un niño pequeño se cae y se da un golpe, lo que hacemos es distraerlo de lo que acaba de suceder, llamándole la atención hacia otra cosa. Sucede también en política, cuando se distrae la atención de los problemas internos, inventando una guerra en el exterior.

Estás a punto de ver un truco que depende única y exclusivamente de poder distraer a los espectadores. Lograr hacerlo exigirá cierto trabajo mental por tu parte (porque te costará creer que algo tan sencillo pueda funcionar), pero es muy fácil y parece truco mágico de verdad. En resumen, te mostraré cómo hacer desaparecer cualquier cosa. Bueno, al menos cualquier cosa pequeña.

El efecto: Toma un objeto que no sea muy grande (un panecillo, un billete, un corcho, una tarjeta, una ostra, un reloj de cocina) y lo tiras por el aire, donde luego desaparece en un instante.

El secreto: Todo se apoya en la distracción. Miras en la dirección hacia la que debería volar el objeto y todos los espectadores siguen la trayectoria. Pero el objeto no está ahí. El truco ya ha acabado cuando el público empieza a prestar atención.

El tiro fingido es más fácil de aprender en un restaurante, porque uno está sentado frente a una mesa que sirve para ocultar parte de tu cuerpo. Por ejemplo, supongamos que vas a hacer desaparecer un panecillo.

1. **Sostén el objeto con la mano derecha.**

   Puedes decir: "Supongo que conocen las propiedades aerodinámicas del pan, ¿no? Vamos a ver cómo funcionan".

No pierdas de vista el premio

Ten cuidado con un error frecuente de los principiantes en esto de la distracción. Como sabes que estás haciendo algo que implica un truco, y además te preocupa que alguien lo descubra, puede que trates de ocultar tus movimientos mirando directamente al público. Y el público, siguiendo el reflejo de mirar a los ojos a quien le habla (al igual que todos los seres humanos), no va a ver la magia y también va a pensar que eres una persona rara.

En lugar de todo lo anterior, mira por encima de las cabezas de los espectadores, como si fueras a lanzar ese pobre cuernito de un tiro hasta los baños. Además, lo que haces no es mirar sino apuntar.

La foto A de la figura 1-2 muestra el panecillo en la posición previa al lanzamiento.

2. **Baja la mano, llevándola hacia atrás, como si fueras a lanzar un disco volador.**

   Todo esto debe suceder en un solo movimiento rápido.

3. **Simultáneamente, vuelve la cabeza hacia la derecha y mira al punto hacia el cual volaría el pan si realmente lo tirases.**

   Esto también es lo mismo que harías si fueras a lanzar un disco volador.

4. **Deja caer el pan en tu regazo (la mesa lo mantendrá oculto) y completa el ademán de tiro en la dirección hacia donde miras.**

Figura 1-2:
(A) Muestra la primera etapa del movimiento. Miras hacia dónde vas a "lanzar" el objeto. Y luego (B), ya ha pasado todo

Una vez más, tu mano debe moverse como si acabaras de tirar un disco volador (foto B).

Gracias al poder de tu mirada y tu violento movimiento con la mano, nadie podrá evitar seguir la trayectoria del panecillo por el aire. Después de un instante, se darán cuenta de que el pan ha desaparecido y de inmediato mirarán tus manos que, por supuesto, están vacías.

Todo el movimiento dura menos de un segundo.

 No te pongas nervioso, no hagas los movimientos lentamente y por ningún motivo mires el panecillo cuando hayas comenzado el ademán de lanzamiento. Sólo es necesario dejar caer el pan. Si puedes grabarte en video, verás lo convincente que resulta esta ilusión.

La pata coja

Éste es otro truco que no logrará engañar a nadie, pero con el cual todo el mundo se divertirá.

El efecto: Sostienes un saco o una toalla frente a tus piernas por un instante, mientras tarareas música de circo. Cuando levantas el saco, una de tus piernas ha desaparecido, ¡y sólo ha quedado el zapato!

El secreto: Saca el talón del zapato antes de empezar el truco, de manera que puedas quitártelo sin esfuerzo. Luego, bastará con levantar la pierna tras el saco.

Para prepararte, consigue un saco, toalla, alfombra o algún otro trozo de tela opaco y lo suficientemente grande como para cubrir tus piernas de la rodilla hacia abajo. Los resultados serán mejores si te aflojas el zapato antes de comenzar.

1. **Ponte de pie, con los pies juntos. Sostén el saco por las esquinas y bájala, de forma que sólo se vean las puntas de tus zapatos.**

   Puedes decir: "Toda mi vida he querido hacer magia, pero la gente siempre me decía: '¿Por qué no te haces desaparecer?', y estallaba en carcajadas".

2. **Mientras hablas, quítate el zapato que te has aflojado antes. Si necesitas recuperar el equilibrio, mantén el dedo gordo del pie sobre el fondo del zapato.**

   La foto A de la figura 1-3, muestra la posición inicial.

   "Lo divertido es que me tomé en serio su consejo. Estoy trabajando en la manera de hacer que todo mi cuerpo desaparezca. ¿Quieren ver hasta dónde he progresado?"

3. **Oculto por el saco, levanta el pie descalzo y sostente en el otro, al estilo "pata coja".**

Figura 1-3:
Los prepara-
tivos (A); la
ilusión (B);
el secreto
(C); y el gran
final (D)

Mira hacia abajo al hacer eso (no olvides que el público mirará hacia donde tú mires).

4. **Levanta lentamente el saco, cerca de medio metro o lo suficiente para que el público se dé cuenta de que una de tus piernas ha desaparecido.**

Es una imagen muy graciosa. No llega a ser impresionante, pero sí extraña (foto B). (Claro, resultaría menos extraña si la gente pudiera verte por detrás, como se muestra en la foto C).

Para llenar el tiempo mientras mantienes esta posición unos momentos, puedes tararear alguna canción conocida, de un programa de TV o una tonada de circo.

5. **Baja el saco nuevamente, despacio, hasta que sólo se vean las puntas de los zapatos. Desliza el pie levantado de nuevo en el zapato, y retira el saco para mostrar que tu pierna desaparecida ya está en su lugar (foto D).**

Cómo volverse flexible como liga

Probablemente nunca llegarán a llamarte para participar en un programa de TV por trucos como estos, pero conseguirás dejar boquiabiertos a quienes se sientan en la mesa de al lado en el restaurante, o entretener a los niños en el avión (sobre todo a esos que están sentados una fila delante de ti y que insisten en pasarse el viaje mirándote, apoyados en el respaldo de sus asientos).

A continuación, encontrarás tres formas de estirar partes del cuerpo de maneras que parecen increíblemente reales. Si aprendes a hacer estos estiramientos sin alterar tu expresión, lograrás verdaderos trucos de magia sin pestañear.

El pulgar más flexible del mundo

El efecto: Logras estirar tu pulgar hasta que mida unos 20 cm.

El secreto: El secreto está en los movimientos.

1. **Extiende la mano izquierda. Mueve todos los dedos como si los desperezaras.**

   Flexiona los dedos un par de veces, como si estuvieras rascando la cabeza a un perro invisible o te pusieras un guante muy ajustado.

   Es importante que aprendas a hacer este movimiento porque deberás repetirlo varias veces a lo largo del truco.

   Puedes decir: "¿Saben por qué soy tan bueno para la magia? Porque tengo articulaciones como ligas".

2. **Sujeta el pulgar izquierdo con la mano derecha y cúbrelo con el puño. Y aquí está el truco: introduce el pulgar derecho entre el índice y el dedo medio de la misma mano.**

   Cuando cierres la mano derecha alrededor del pulgar izquierdo, el pulgar derecho va a parecerse a tu pulgar izquierdo, que sobresale entre los dedos índice y medio de la mano derecha (las fotos A y B de la figura 1-4 te lo muestran de manera clara).

Cuando estés en posición, flexiona los dedos de la mano izquierda y, obviamente, el pulgar derecho debe moverse en sincronía con ellos.

3. **Finge que tiras con fuerza del pulgar izquierdo. Lentamente, sube la mano derecha, de manera que parezca que estás estirando el pulgar izquierdo.**

Actúa como si te estuvieras exigiendo mucho. Jadea. En realidad, el puño derecho simplemente se desliza sobre el pulgar izquierdo (foto C). Cada vez que avances un par de centímetros, detente para flexionar de nuevo las puntas de los dedos. Esas flexiones son muy convincentes a la hora de mostrar que el pulgar izquierdo es el que se estira.

"¿Lo ven? Nací con un cartílago extra, que me permite estirar los dedos de maneras increíbles".

4. **Al tirar, gira y tuerce el "pulgar izquierdo" de maneras que resulten poco naturales.**

A mí me gusta girar mi pulgar lentamente, 180 grados, de manera que, cuando flexiono las puntas de los dedos, éste apunte hacia mi hombro. También puedes intentar doblar el "pulgar" hacia la muñeca, de manera que la toque. Eso es realmente impresionante.

Si sigues estirando y flexionando, al final sólo la punta del pulgar izquierdo quedará oculta dentro del puño derecho.

5. **Termina el truco "desestirando" el dedo, o sea, encogiéndolo hasta su longitud normal, para luego separar las dos manos y mostrar la izquierda ya dentro de sus proporciones normales.**

Figura 1-4: Desde tu punto de vista, las manos se ven como en (B); desde el punto de vista del público, se ven como (A). Con una buena cantidad de muecas y jadeos, estira el pulgar (C). Puedes concluir el truco, si quieres, estirando el dedo alrededor de tu cintura (D)

O puedes fingir una especie de espasmo repentino, deslizando rápidamente las manos a los lados del abdomen, como se ve en la foto D (el pulgar izquierdo debe desaparecer tras tu espalda). Haz una pausa, y luego una flexión de los dedos. De manera muy convincente, parece que estés estirando el pulgar hasta darle la vuelta a tu cintura. ¡Tremendo!

El índice más elástico del mundo

Si acabas de estirar tu pulgar, aquí hay un buen truco para seguir con este tema, sobre todo si estás presentándote ante niños.

El efecto: Invita a un niño para que tire de tu dedo índice, que duplicará su longitud a medida que el niño tire.

El secreto: No es más que una ilusión óptica, pues el dedo en realidad no se estira.

1. **Coloca el índice derecho entre dos dedos de la mano izquierda, tal como se muestra en la foto A, de la figura 1-5.**

   Debes girar la mano derecha de manera que el pulgar toque la palma izquierda y que la uña del índice apunte a la derecha.

   Sostén ambas manos a poca altura, de modo que un niño pueda tomarte uno de los dedos. Las manos deben quedar al nivel de la barbilla del niño.

   "A ver, tú. El de rizos. ¿Cómo te llamas? ¿Juanito? Bien, Juanito, ¿quieres ver lo flexible que soy? Mira bien. Toma mi dedo. Éste que estoy moviendo".

2. **Mueve la punta del índice derecho. Cuando Juanito la tome, dile que tire.**

   "Bien, jala, sigue jalando. Así, así. Sigue, sigue... ¡Aaaaaaaay!".

3. **A medida que jala del dedo, deja que tu mano derecha se deslice hacia adelante, por debajo de la mano izquierda. No abras mucho los dedos de la mano izquierda.**

   Como puedes ver en la foto B, el efecto es que parece como si tu dedo índice creciera hasta tener el doble de su extensión (en realidad lo que ves es el borde superior de la mano derecha. Pero en todo caso parece bastante real).

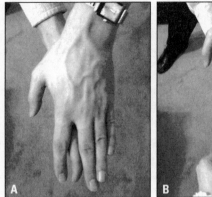

Figura 1-5:
Dos fotos desde el punto de vista del espectador. El dedo índice derecho está de lado (A). Deja que tu ayudante tire del dedo hasta donde quieras (B)

4. **Por último, cuando Juanito haya llegado suficientemente lejos, finge que tu dolor obliga a que el truco acabe ahí.**

   "Bueno, ya está. Rápido, empújalo hasta su tamaño original. Lentamente, despacio".

5. **Concluye invirtiendo el proceso: desliza la mano derecha hacia atrás, hasta que el índice tenga la longitud apropiada.**

   Separa las manos. Sacude vigorosamente la mano derecha en el aire, como si quisieras deshacerte de gotas de agua. "¡Caramba! ¡Lo has hecho muy bien!", y puedes dar las gracias a tu asistente: "¡Gracias por tu ayuda!".

El brazo más elástico del mundo

Para concluir esta parte de tu presentación con este truco, debes llevar puesto algún tipo de saco o chamarra, y no una prenda con elástico en los puños.

El efecto: Muestra al público que el saco que llevas te queda grande; las mangas te cuelgan. Pero eso no es un problema: con la otra mano te dislocas el hombro, tomas el brazo (ya sin trabas) y lo estiras hasta alargarlo unos 20 o 30 cm.

El secreto: En realidad, el truco es más un asunto de deslizar el brazo que de estirarlo, pero en todo caso se ve increíblemente real.

Antes de empezar, jala de la manga derecha hacia abajo todo lo que puedas. Ajusta la hombrera hacia adelante, llevando tu hombro hacia atrás, para así conseguir que tu brazo parezca muy corto.

Si todo va como tiene que salir, por la manga no deben asomarse más que las puntas de tus dedos. La foto A de la figura 1-6 muestra la posición inicial.

"A veces me preguntan de dónde saco el dinero para conseguir lo que necesito para mis trucos de magia. La respuesta es muy sencilla: no gasto casi nada en ropa. Como verán, sin importar la talla de las prendas, ya sean grandes o pequeñas, puedo estirar mi cuerpo para que me queden bien. Primero, me disloco el hombro…".

1. **Usa tu mano izquierda para dar una especie de golpe de karateca en tu hombro derecho (y grita: "¡Iaaaaa!").**

   La idea, obviamente, es que estás tratando de dislocarte el brazo.

2. **Sujeta los dedos de la mano derecha con la mano izquierda. Empieza a dar pequeños jalones, como si estuvieras sacando el brazo de su lugar.**

Haz lo posible por facilitar que el brazo derecho se deslice, permitiendo que se "alargue" con los tirones de la mano izquierda. La ilusión óptica se produce en la manga. El público verá que el brazo avanza en ese preciso punto, y se sorprenderá.

Como el brazo derecho se desliza con cada jalón, el punto de agarre de la mano izquierda debe cambiar. Los dos primeros tirones se producen en la punta de los dedos, los siguientes hacia la parte media de la mano, y al final estarás jalando de la muñeca. En este punto, echa el hombro derecho hacia delante, para contribuir con la ilusión de la longitud extra. Yo suelo tardar ocho jalones para llegar hasta el final de mi brazo, pero tengo las extremidades muy largas.

Después de haber llegado al máximo que te permite el brazo, mantente en esa posición unos instantes (foto B).

3. **Deja caer el brazo y sacúdelo junto con el otro, a ambos lados del cuerpo, como si acabaras de correr una maratón.**

Figura 1-6:
Comienza con el brazo lo más atrás y encogido posible (A). Empieza a jalar. Detente cuando el brazo ya parezca bastante largo (B)

"Las cosas que soy capaz de hacer por la moda", puedes decir en voz baja mientras terminas.

Magia con las paredes

Para la siguiente serie de trucos ingeniosos, no necesitas más que un objeto común que se encuentra en casas, colegios y oficinas en todo el mundo: una pared.

En realidad, necesitas una pared que termine en una abertura, como una puerta. Y además, necesitas que el público esté al otro lado de la pared.

Es un pájaro... No, es un avión...

El efecto: Ya están todos reunidos, con sus bebidas en la mano, hablando de cosas serias en una reunión. Llegas tarde, avergonzado. Quieres que tu llegada sea inolvidable. ¿Qué haces? Entra volando en el cuarto, planeando a medio metro del suelo. Te asomas, y luego te vas volando.

El secreto: No hay secreto. La figura 1-7 lo explica todo.

1. **Sitúate cerca del umbral de la puerta. Inclínate hacia delante todo lo que puedas. Mantén el equilibrio con ayuda de la pierna que lanzas hacia atrás (foto B).**

   Te sorprenderá lo mucho que logras inclinarte, mostrando una buena parte de tu cuerpo. También puedes apoyarte en la pared para no perder el equilibrio.

Figura 1-7:
(A): Es un pájaro... No, es un avión... (B): En realidad, es una persona que se sostiene en una sola pierna

2. **Muévete poco a poco hasta llegar a la posición de "vuelo", con los brazos extendidos y la cabeza hacia abajo (foto A).**

   Mientras "vuelas", mira hacia el interior del cuarto. Si nadie te ha visto, carraspea un poco para llamar la atención.

3. **Cuando creas que ya ha habido suficiente, ponte recto y desaparece.**

Escalada de paredes

El efecto: Este truco forma una secuencia perfecta con el anterior, según Looy Simonoff, uno de los miembros de nuestro panteón de consejeros. Esta vez, la entrada en el cuarto será escalando la pared, como si hubieras trepado por ella en sentido horizontal.

El secreto: Te sostienes en una sola pierna, como cuando volaste como si fueras un superhéroe.

Comienza el efecto al situarte a más o menos un metro de la puerta. Sostente en la pierna izquierda (la pared debe estar a tu derecha). Inclínate al frente hasta que tu torso quede horizontal. Ya puedes aparecer.

1. **Asoma una mano "por encima" de la pared... Tantea hasta encontrar un punto de apoyo y luego lanza la otra mano (foto A de la figura 1-8).**

   En este momento, sólo un par de personas habrán notado tu presencia.

2. **Finge que te apoyas en las dos manos para asomar la cabeza.**

   Exagera un poco. Los gestos ayudan a hacer creíble esta ilusión. En este punto, alguien en el cuarto habrá oído tus jadeos y esfuerzos, y estará llamando la atención del resto del grupo hacia ti.

3. **Sube un codo, y luego el otro. Interrumpe tu jadeo para alcanzar a decir algo así como "Perdón... Hola".**

   La foto B muestra este feliz momento. Pero la pared es muy resbaladiza.

Figura 1-8: ¿Quién viene trepando por la pared (A)? Poco a poco, apareces (B). Qué bien que nadie se da cuenta de lo sencillo que se ve todo desde tu lado de la pared

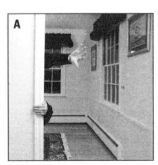

4. **De repente, retrocede tras la pared con una exclamación, y sostente sólo con las manos en la puerta.**

   Con gran esfuerzo, como si estuvieras desfalle-ciendo, intenta encontrar un lugar de sujeción para ambas manos. Pero al final, no lo consigues y retrocedes hacia tu lado de la pared como si caye-ras. Lo último que deben ver al otro lado son tus manos. (Puedes "aterrizar" en algún mueble un momento después, como toque final.)

El asaltante que no fue invitado

El efecto: Bien, ya has logrado divertirte. El grupo estará riéndose y disfrutando de tus monerías. Ahora viene el momento de ponerse serios, disculparse por interrumpir la conversación y recobrar tu personali-dad de costumbre. Te quedas en el umbral de la puer-ta, sonriendo, mientras les aseguras a todos que lo peor ya pasó, y de repente, una mano te agarra por el cuello y tira de ti, hasta llevarte lejos de la puerta, sin importar cuántos intentos hagas por volver.

El secreto: Una vez más, quien lo hace todo eres tú mismo.

1. **Detente en el umbral de la puerta, con el hom-bro derecho levemente apoyado contra el mar-co. Extiende la mano derecha y llévala luego hacia tu cuello hasta sujetártelo.**

   Este último efecto no funciona si el público puede ver lo que sucede entre tu hombro y tu codo, de manera que debes estar tan cerca como puedas del marco de la puerta, para ocultar tu brazo (ver figura 1-9).

Figura 1-9:
¡Me han
atrapado!

La teatralidad es fundamental. Debes parecer preocupado y aterrado.

2. Lucha con el asaltante y resiste a sus jalones.

Después de que esa mano "ajena" consigue llevarte lejos de la vista de todos, reaparece un poco nervioso pero a salvo, y haz que la mano te tome de nuevo por la cara o por el pelo, o por el cuello de la camisa, y que intente arrastrarte. Con un poco de imaginación, alimentada por las reacciones alborotadas del público, es posible continuar con este juego durante unos 20 segundos.

¿Y tu recompensa? Cuando te hayas deshecho del asaltante, puedes fingir que has sido víctima de otro tipo de ataque: uno amoroso. La mano te alcanza desde detrás de la pared, y recorre lenta y seductora tu cara y cuello, y por último te sujeta por la cintura.

Esta vez puedes fingir que no tienes el menor inconveniente en abandonar el umbral.

Capítulo 2

El capítulo de la reacción satisfactoria inmediata

· ·

En este capítulo

▶ El siguiente paso: trucos sencillísimos pero impresionantes

▶ Un truco con cartas y éxito garantizado

▶ Un truco con una cuerda rota y remendada

▶ Una desaparición doble: primero un lápiz, luego una moneda

▶ La importancia de la distracción

· ·

Los trucos del capítulo 1 sirven como calentamiento, te enseñan a disfrutar del hecho de ser el centro de atención y te ayudan a superar la vergüenza de hacer cosas tontas en público. Puede ser que lleguen a sorprender a algunos pero, más que nada, lo que hacen es divertir.

Este capítulo te ofrece algo aún mejor: verdaderos trucos de magia. Trucos que nadie va a descubrir. Trucos para iniciarte en ese torrente de adrenalina que implica maravillar a otras personas.

Mejor aún, los trucos de este capítulo pertenecen a una rara especie: son prácticamente a prueba de errores, y no por eso resultan menos sorprendentes. Claro, dependen en gran medida de la presentación, al igual que todos los trucos. Si antes los ensayas unas cuantas veces, y acompañas el truco con una buena plática, te darás cuenta de que, a pesar de ser tan sencillos, tienen un efecto desproporcionadamente fuerte en el público.

Mientras presentas estos trucos, simula que estás haciendo algo realmente mágico. No olvides el viejo dicho: "La sinceridad lo es todo. Si puedes fingirla, ya has conseguido tu cometido".

"Prestidigitación" con dos cartas

En este libro no hay trucos que impliquen prestidigitación o juego de manos de verdad. Eso no quiere decir que no puedas fingir que haces movimientos tremendamente difíciles con los dedos.

Este truco sólo tiene una desventaja: después de verlo, nadie querrá jugar al póquer contigo.

El efecto: Pídele a un miembro del público que esconda dos cartas entre la baraja. Después de describir el mucho tiempo de práctica que has dedicado a la magia, anuncias que estás listo para intentar una manipulación muy difícil, por primera vez: vas a localizar las dos cartas escondidas, las vas a sacar de la baraja y a ponerlas en la parte de arriba, con una sola mano y en un segundo. Sobra decir que vas a poder hacerlo.

El secreto: Las dos cartas que el espectador esconde entre la baraja no son las mismas que acaban en la parte superior. Pero gracias a cierta manipulación psicológica, nadie se va a dar cuenta, ni en un millón de años.

1. **Consigue un juego de cartas. Barájalo un par de veces.**

   Empieza contando que has estado aprendiendo magia. Has pasado horas practicando maniobras de prestidigitación frente al espejo del baño, hasta que te sangran las yemas de los dedos de tanto manipular cartas.

   "Me muero de ganas de mostrarles lo que he podido hacer, si es que lo consigo", puedes decir. "Pero necesito un par de cartas especiales".

2. **Mientras mezclas las cartas, busca cuatro en particular y ponlas en la parte superior: los dos 9 negros y los dos 10 negros.**

   El orden no importa, mientras las dos cartas superiores no sean del mismo número ni del mismo palo. Por ejemplo, el 9 de tréboles y el 10 de espadas son una buena combinación. Los dos 9 o los dos 10 no funcionan, al igual que los dos tréboles o las dos espadas. La foto A de la figura 2-1 muestra una buena alineación.

   Estás a punto de sacar cuatro cartas de la baraja, cuando dijiste que sólo serían dos. ¿Por qué nadie se queja al respecto? Porque lo haces de manera completamente abierta, frente a la multitud. Por lo tanto, es obvio que el hecho de que hayas sacado ciertas cartas no va a formar parte del misterio.

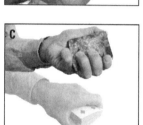

Pero todavía no has empezado en serio. No has pasado al centro del escenario. Permite que las demás conversaciones continúen. Deja que la gente siga hablando del clima o del futbol, para que así todos tengan la impresión de que el truco aún no comienza. No hay nada más aburrido que ver a alguien buscar determinadas cartas entre la baraja. Así, el público se relajará y dejará de mirar. De hecho, el mayor riesgo no es que se den cuenta de que sacaste más cartas, sino que se vayan a hacer otra cosa mientras esperan.

Por otro lado, no hay nada de malo en poner las cuatro cartas especiales en la parte superior de la baraja con anticipación, pero sin que nadie lo sepa, si tienes oportunidad de hacerlo. Lo que quiero decir es que, si estás en medio de una serie de trucos, se vería sospechoso que corrieras al baño con la baraja, y más vale organizarlo todo ante el público.

Cuando las cuatro cartas estén en posición, todo estará listo. Asegúrate de estar mirando de frente al público, enderézate y organiza las cartas en una sola pila bien vertical.

3. **Toma las dos cartas superiores, juntas, y muéstralas al público, como se ve en la foto B.**

   "Muy bien. Voy a mostrarles mi truco de prestidigitación. Empezamos con dos cartas: un 9 negro y un 10, también negro".

   ¡Ésa es la clave del truco! En toda la representación, jamás dices con precisión cuáles son las cartas. Nunca las muestras por separado, nunca las mencionas una por una. Lo divertido es que todo el mundo te va a seguir el hilo, van a mirar y a confirmar lo que dices. Nadie se va a molestar en recordar qué 9 y qué 10 estás mostrando.

4. **Entrégale las cartas, con la cara hacia abajo, a tu ayudante, que será un voluntario del público. Pídele que introduzca esas dos cartas, por separado, en la baraja.**

   Puedes decir algo así como: "Ahora quiero que introduzcas estas cartas, por separado, en la baraja".

   Cuando haya terminado, empieza a moverte a cámara lenta: ahí es cuando empiezas a actuar.

5. **Sostén la baraja con la cara hacia abajo, con la misma delicadeza que emplearías si fuera un vaso de vidrio lleno hasta el borde. Envuelve la baraja con la mano, tal como se muestra en la foto C.**

"Entre magos, el pase mágico en el que he estado trabajando se llama 'la movida del meñique'. Probablemente no lo pueden ver desde allí, pero esas cartas no están escondidas. Sé muy bien dónde están, porque las marqué con un minúsculo trozo de piel de mi meñique en el lugar donde están".

Sostén la baraja en alto para mostrársela al público. No verán nada, pero harán el intento.

"Bien, lo que voy a tratar de hacer ahora, que no siempre funciona, es llevar esas cartas a la parte superior de la baraja, con una sola mano".

Hasta este momento tus movimientos han sido lentos y cautelosos, como los de una serpiente enroscada. Y aquí viene el golpe.

6. **Haz un movimiento veloz y que produzca ruido. Por ejemplo, gira la mano hacia abajo y luego hacia arriba nuevamente (foto C).**

Obviamente, esto no sirve de nada, fuera de convencer al público de que hiciste algo, ya que resulta tan rápido y extraño que no puede sino tener un propósito.

Para contribuir con el efecto de la ilusión, haz algún sonido con las cartas. Mientras sostienes la baraja completa fuertemente entre los dedos y la vuelves hacia arriba y hacia abajo, usa el pulgar para hacer un movimiento semejante al de barajar en una de las esquinas de la baraja. El público te vio hacer algo, y además oyó que hacías algo.

Cuando termines esta acción rápida, vuelve al ritmo lento que traías.

7. **Saca las dos cartas superiores con la mano derecha, pero antes de mostrarlas al público, debes mirarlas tú.**

"Funcionó", puedes decir, o dejar que tu sonrisa lo dé a entender.

8. **Ahora, gira las cartas de manera que el público las vea.**

El hecho de que las mires primero tú sirve para poner énfasis en la dificultad del truco. "Y aquí están, de vuelta, en la parte superior".

Te parecerá increíble, pero apenas una persona entre quinientas notará que las cartas son diferentes. E incluso si lo nota, no podrá afirmarlo con certeza.

¿Por qué la gente no se da cuenta de que no son las mismas cartas? Enumeremos las razones:

✔ Usas un 9 y un 10, que son cartas demasiado cubiertas con símbolos idénticos y por eso no dejan una impresión visual tan clara. Este truco no funcionaría con un as y un rey.

✔ Nunca dices cuáles son las cartas de forma individual. Con sutileza, le pediste al público que confirmara que lo que tenías en la mano era un 9 negro y un 10 negro, cosa que era verdad. Y eso es lo que el público estará esperando que saques al final de truco.

✔ Los espectadores asumirán que el movimiento rápido y distractor que hiciste con la mano y la baraja tuvo una razón de ser.

✔ El nerviosismo relacionado con el resultado del truco, que manifestaste al mirar las cartas antes de mostrarlas al público, para confirmar que había funcionado. Si las cartas hubieran estado todo el tiempo encima de la baraja, ¿habrías tenido motivos para temer que no saliera bien el truco?

Si mantienes la idea de que fue un acto de prestidigitación, la ilusión es irresistible. Cuando termines, desplómate en una silla como si estuvieras agotado por el esfuerzo y sacude la mano, con una sonrisa de satisfacción por haberlo logrado.

Y luego, antes de que los espectadores tengan oportunidad de pensar en lo que acaban de ver, ponte de pie y continúa con el siguiente truco. En el capítulo 8 encontrarás varias ideas para más trucos de cartas.

El cuento del equilibrista y su cuerda floja

Si vamos a hablar de trucos infalibles, éste es tan contundente que podrás andar por las calles de tu ciudad buscando más personas a quienes mostrárselo.

El efecto: Mientras cuentas la historia de un equilibrista con el corazón destrozado, muestras dos trozos de cuerda. Le pides a un voluntario que sostenga un extremo de cada una de las cuerdas. Cubres los otros dos extremos con una mano y, como por arte

Verdades de la magia, parte 2.
Dar a la gente algo en qué creer

En el truco de "Prestidigitación" con dos cartas, éstas, que el voluntario esconde en la baraja, ya están en la parte superior de ésta, y allí han permanecido a lo largo de todo el truco. Supongamos por un instante que no hiciste la maniobra de girar la baraja y hacer sonar las cartas con el pulgar, y que, en lugar de eso, una vez que el voluntario las mezcló con el resto, tú dijiste: "Muy bien, ahora miremos las cartas que están encima".

Nadie quedaría impresionado. Te mirarían como si estuvieras loco. Todos sabrían que las cartas de encima no eran las mismas que escondió el voluntario. Si no hay algún tipo de maniobra intermedia, saben que las cartas no pueden llegar a la parte superior.

Pero si tomas la baraja y realizas algún movimiento o un pase, incluso si es algo rápido y confuso, has sembrado cierta duda. Le has dado al público algo en qué pensar: una clave. Luego, cuando las dos cartas aparecen en la parte superior de la baraja, los espectadores pueden deducir que el movimiento rápido y confuso tiene algo que ver con ese resultado.

Lo anterior es una introducción a uno de los principios más importantes de la magia: es más difícil descubrir un truco cuando uno proporciona una explicación medianamente plausible. Incluso cuando esa explicación parece falsa, sirve como distracción mental para que los más perspicaces se desvíen de la respuesta correcta.

Por ejemplo, el capítulo 10 contiene unos cuantos trucos que implican leer la mente. Uno de ellos lleva a que el mago diga la palabra en la que alguien está pensando. Pero, seamos francos, gran parte de la gente que asiste a espectáculos de magia guarda mucho escepticismo frente a la percepción extrasensorial. No cree en esa posibilidad, más que nada porque nunca ha presenciado una prueba creíble.

Si pronuncias la palabra escogida, todo el mundo sabrá que hay un truco escondido. Pero si simulas hacer un esfuerzo, murmuras, te tomas tu tiempo y dices cosas como "Veo una vocal... o tal vez dos... y una consonante doble... podría ser... ¿La palabra es 'llave'?", creas una distracción mental suficiente como para plantear una duda razonable. Llevarás a los más escépticos a preguntarse si realmente has conseguido leer la mente.

de magia, se funden y con eso vuelves a tener uno sólo. Tus manos están completamente vacías y el público queda boquiabierto.

El secreto: En realidad, nunca tuviste dos trozos de cuerda. Pero la gente hoy en día tiende a creer lo que ve (¡qué tonta!) y es cierto que ve dos tramos.

Lo más importante en este truco es el tipo de cuerda que utilizas. Consigue cuerda de algodón blanco, elaborado con varios hilos enroscados sobre sí mismos, como el que se ve en la foto A de la figura 2-2. La cuerda de color café, de fibra vegetal distinta al algodón, no sirve. Tampoco la cuerda plástica ni el hilo dental. Si no tienes cuerda blanca de algodón, la puedes encontrar en una ferretería. Compra un ovillo.

Antes de hacer el truco, corta un trozo de cuerda de 1 m. Más o menos en la mitad del cordel, separa los hilos que lo forman con las uñas, tal como se ve en la foto A, para formar bucles de 2 cm en cada lado. Si consigues sacar la misma cantidad de hebras de ambos lados, mejor aún.

Luego, retuerce estos bucles en la dirección en la que lo hacen de forma natural. Retuerce y aplana con los dedos, hasta que parezcan extremos de cuerda (como se ve en la parte inferior de la foto A). Si cubres la unión con la punta de los dedos (foto B), nadie podrá saber que lo que en realidad tienes en la mano es un único cordel.

Ya estás preparado para comenzar.

1. **Levanta el "par" de cuerdas, ocultando la unión que preparaste entre los dedos índice y pulgar.**

   "¿Saben lo que pasó en el circo hace unos meses? Fue una cosa triste. Tenían un equilibrista ruso, de mucho talento. Cuentan que el equilibrismo en cuerda floja es la especialidad de su familia desde hace ocho generaciones. Y llega con el circo, la función va a empezar, el público espera, y se dan cuenta de que la cuerda se rompió en el viaje desde la última ciudad en la que se presentaron".

   Mientras cuentas la historia, muestra las cuerdas. Si lo prefieres, mantén oculta la unión entre los dedos. Sin embargo, si los preparativos están bien hechos, el punto en el cual retorciste las hebras debe ser invisible y no necesitas esconderlo. Para mostrar los cordeles, tienes cualquiera de estas tres opciones:

   • Deja que la parte media de los cordeles repose sobre la palma de tu mano (los cuatro extremos

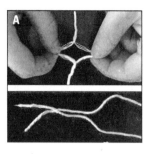

Figura 2-2: Separa las hebras del medio de una cuerda y retuércelas nuevamente hasta que parezcan extremos de cuerda (A). Si sujetas la unión entre los dedos, parecerá que sostienes dos trozos de cordel (B). Escoge a un voluntario que sostenga los extremos libres (C). Frota mágicamente (D) y la cuerda se vuelve a pegar (E)

quedan colgando, tal como sucedería si fueran dos trozos de cuerda).

- Durante unos instantes, sostén las cintas por los otros extremos, los verdaderos (el público supondrá que se adhieren uno a otro a causa de la electricidad estática).

- Sostén ambos pares de extremos, uno con cada mano, poniendo los dedos a unos dos o tres centímetros de las puntas.

Si haces cualquiera de estos movimientos de manera despreocupada y natural, el público luego tendrá el recuerdo firme de haber visto dos cuerdas.

Continúa con tu labia: "Pues el día que fui al circo a ver la función del equilibrista llevé a mi hija/sobrinita/primita de cinco años conmigo, y quedó decepcionada por no poder ver al artista en acción. Así que ofrecí mis servicios como mago".

En este momento, debes estar sosteniendo las cuerdas por el punto donde se unen.

2. **Con la otra mano, sujeta uno de los extremos colgantes y entrégaselo a alguien del público. Toma el otro extremo y entrégaselo a otra persona.**

Si estás haciendo el truco para una sola persona, pídele que sujete un extremo con una mano y el otro con la otra, mientras tú conservas el punto de unión en tu mano con los otros dos "extremos", como se ve en la foto C.

"Le pedí al director del circo que atara cada uno de los extremos de la cuerda floja rota a las plataformas".

3. **Ahora, muy despacio y con deliberación, cubre con la mano libre los "dos extremos" que conservas (foto D). Lentamente y con aire místico, frota el cordel entre tu puño cerrado.**

En el interior de tu puño, debes sentir cómo los "extremos" falsos desaparecen, a medida que las

Verdades de la magia, parte 3. Anticipa las soluciones absurdas

Al final del truco del equilibrista y su cuerda floja, sugerí que terminaras la presentación mostrando la palma de tu mano abierta, mientras la movías muy despacio. ¿Por qué?

Esto se debe a uno de los obstáculos de la magia al que vas a enfrentarte una y otra vez: los espectadores son capaces de proponer las soluciones más tontas para explicar cómo hiciste la magia. "Cambiaste los dos trozos de cuerda por una más larga", o "Tenías un par de extremos falsos en la mano y los escondiste en el bolsillo", o incluso "Tienes una trampilla en el dedo pulgar".

Podrán ser teorías completamente descabelladas, pero si los espectadores creen que están en lo cierto, pensarán que han descubierto el truco.

Como he ejecutado la mayoría de los trucos que figuran en este libro durante años, ya me sé todas las teorías absurdas que suelen ofrecer como explicación. Por eso, siempre que pueda, te daré técnicas de presentación que servirán para impedir esas soluciones tontas.

En el caso del truco del equilibrista y su cuerda floja, si terminas de una de las siguientes tres maneras, no harás más que torpedear tu fabulosa actuación: a) si dejas caer la mano a un lado del cuerpo; b) das un paso hacia atrás, como retirándote; c) si alejas la mano del cordel, pero la mantienes cerrada. Cualquiera de estas opciones hace que el público se fije en ti y no en la cuerda. Si en lugar de eso dejas la mano abierta, cerca del cordel, con la palma abierta, el efecto final es espectacular. El público no tendrá ninguna posibilidad de inventar hipótesis absurdas y no podrá hacer más que mirar el cordel, blanco y entero, mientras se traga su incapacidad para aceptar lo imposible.

hebras se enderezan. Los movimientos que haces al frotar sirven para realinear los hilos y volverlos a su forma original. Si tu ayudante no mantiene la cuerda lo suficientemente tensa, puedes tirar un poco hacia ti, para estirarlo.

"Y ante la mirada del público y con una sola mano, logré unir los dos tramos de cuerda rota".

4. **Despacio, abre la mano con la palma hacia arriba, justo bajo el cordel, de manera que el público pueda confirmar que has hecho lo que decías.**

El efecto, tal como lo muestra la foto E, es impactante. El público puede examinar la cuerda y también tus manos y nunca va a encontrar algo que le ayude a resolver el misterio.

No podrás reutilizar el mismo punto de la cuerda para hacer el truco nuevamente, porque las hebras no se comportarán igual y se notará el secreto del truco. Ahora ya sabes por qué te he sugerido que compraras un ovillo de esta cuerda.

Una desaparición doble: lápiz y moneda

Este truco es uno de los preferidos de Tony Spina, miembro del panteón de consejeros y dueño de la tienda de magia más grande del mundo: la famosa Tannen's Magic Store de Nueva York.

El truco te encantará por dos razones. La primera es que son dos trucos en uno: primero haces desaparecer un lápiz y luego una moneda. La segunda, el secreto es la *distracción* (ver capítulo 1), una técnica tan poderosa que ninguna persona en este mundo puede ver el truco. En este acto, una potente explosión detrás de ti no llegaría a ser una distracción tan eficaz como tu mirada.

El efecto: Muestras al público una moneda, y anuncias que vas a hacerla desaparecer. Golpeas la moneda con un lápiz una, dos, tres veces, y lo que desaparece es el lápiz.

Te disculpas por la confusión. Muestras cómo hiciste desaparecer el lápiz: detrás de tu oreja. Tras descubrir tu propio truco, admites que no has cumplido con la promesa de hacer desaparecer la moneda. Así que le das un golpecito, luego otro y otro, y esta vez sí desaparece.

El secreto: Este truco involucra la magia de cerca, y está diseñado para hacerse casi bajo las narices del público. La técnica de distracción de la mirada hace que sea infalible.

1. **Muestra la moneda en la palma de tu mano, que debe estar a la altura de la cintura. Señala la moneda con la punta de un lápiz que no esté gastado, y que sostendrás por el extremo de la goma de borrar (foto A, figura 2-3).**

   "¿Quieren ver cómo hago desaparecer una moneda? En serio, puedo hacerla desaparecer de mi mano, delante de ustedes. A ver, ¿pueden ver el año de esta moneda?".

   (La última pregunta es opcional. Es un regalo de mi parte, en caso de que aún no confíes del todo en la distracción de la mirada. El año de la moneda es irrelevante y no tiene nada qué ver con el truco. Pero al preguntarlo, algunos van a sospechar que esa fecha tendrá importancia más adelante. Resultado: las "víctimas" se concentran más en la moneda. Esta pregunta es como las ruedecitas laterales de las bicicletas de los niños: cuando te sientas seguro con el truco, ya no la necesitas).

2. **Golpea la moneda con el lápiz, contando en voz alta: "Uno, dos".**

No dejes de mirar la moneda. No mires al público. No levantes la vista.

Antes de cada golpe, levanta el lápiz bien alto, hasta el nivel de tu cabeza, como se ve en la foto B. Luego, bájalo para golpear la moneda y di "Uno". Levanta el lápiz hasta tu oreja y vuélvelo a bajar hasta la moneda, para decir "Dos".

3. **La tercera vez que levantes el lápiz, colócatelo detrás de tu oreja con un solo movimiento, y baja la mano ya vacía, diciendo "Tres". Abre la mano en la que tenías el lápiz (foto C).**

La distracción de la mirada es tan poderosa que muchas de las personas del público no notarán que el lápiz ha desaparecido hasta que tú lo digas: "¡Caramba! ¡Metí la pata e hice desaparecer el lápiz!".

Hasta que hayas hecho este truco, puede ser que no llegues a creer que la gente no va a ver que te colocas el lápiz detrás de la oreja. Todos, incluido tú, estarán mirando hacia abajo, a la moneda que tienes en la mano. El asunto del lápiz se produce fuera del campo de visión de todos, sobre todo si giras el lado correspondiente de la cabeza para que no quede tan a la vista del público.

Vas a obtener una reacción interesante de este primer clímax. La gente mirará tus mangas, el suelo, tus manos. Tarde o temprano, algunos van a darse cuenta de que el lápiz está detrás de tu oreja (a menos que tengas suficiente pelo como para esconderlo), pero eso no importa, pues en algún momento vas a mostrarles dónde está.

"Está bien. Admito que ha sido una broma. Miren, aquí está, detrás de mi oreja".

4. **Gira tu cuerpo hacia un lado, de manera que todo el mundo pueda ver el lápiz. También es útil que lo señales (foto D).**

Hay una forma más poderosa de dirigir la mirada ajena hacia donde uno quiere, señalar la cosa en lugar de limitarse a apuntar a ella con la mirada (si a causa de tu pelo o tu forma de peinarlo, el lápiz queda oculto, no bastará con apuntar hacia él con el dedo, sino que debes sacarlo de detrás de tu oreja).

5. **Como las miradas del público están completamente absortas en la parte lateral de tu cabeza, tienes dos segundos de completa privacidad para dejar caer la moneda en tu bolsillo, aprovechando que la posición de tu cuerpo oculta el lado opuesto al de la oreja con el lápiz.**

Todos estarán tan concentrados en el lápiz que ni habrán caído en la cuenta de que el truco prosigue y, por eso, la moneda incluso podría desvanecerse en una nube de humo y nadie lo notaría.

Ahora, vuelve a mirar al público.

Figura 2-3: Golpea la moneda (se ve en A y en B desde un lado), bajando el lápiz desde el nivel de tu cabeza cada vez. El lápiz desaparece (C). Al mostrar dónde está el lápiz (D), tienes la oportunidad de ponerte la moneda en el bolsillo. Y así es como la haces desaparecer (E)

6. **Pon la mano que tenía la moneda frente a ti, tal como la tenías antes, sólo que ahora la tienes cerrada. Señálala de nuevo con el lápiz.**

   "Esperen un momento: prometí que iba a hacer desaparecer una moneda, y eso es lo que voy a hacer. Ante la vista de ustedes, tal como prometí. Uno, dos… ¡tres!".

7. **Golpea tres veces tu puño con el lápiz, tal como hiciste la primera vez. Al tercer golpe, abre la mano como se ve en la foto E.**

   La moneda desaparece, y tu reputación como mago está garantizada.

Parte II
Magia en todas partes

The 5th Wave   **Rich Tennant**

FIDO CONSIGUE DOMINAR EL
ARTE DE LA DISTRACCIÓN

"...así que me estaba enseñando el truco del lápiz y la moneda, y yo tenía los ojos puestos en la moneda. Seguro fue en ese momento cuando se me escapó de la correa y se fue".

En esta parte...

L os trucos *impromptu* son los que se pueden improvisar en cualquier momento, de manera espontánea, con elementos que puedes pedir prestados en ese mismo instante: monedas, objetos de escritorio, prendas de vestir, etc.

Los siguientes tres capítulos contienen trucos de magia *impromptu* que resultan incomparables: son milagros que puedes ejecutar ante las narices de tus conocidos, y sin tener un plan previo.

Capítulo 3

El mago financiero

A los magos les encanta el dinero.

Con esto no me refiero a que adoren el dinero por las mismas razones que les encanta al resto de las personas: ganarlo, invertirlo y gastarlo (aunque a los magos también les interesan esos aspectos). Lo que quiero decir es que nos encanta jugar con el dinero, manipularlo, hacer trucos con él.

¿Y por qué nos gusta tanto? Por un lado, porque se encuentra en todas partes. Si sabes hacer un truco con monedas o billetes, jamás te vas a encontrar sin esos elementos. Por otro lado, el dinero nunca despierta sospechas. La gente está tan familiarizada con él y confía tanto en su carácter oficial, que no puede pensar que haya gato encerrado en las monedas o billetes que usas. (Claro, ése ya no es un supuesto muy válido, como bien sabe cualquier mago que haya comprado una moneda de doble cara en una tienda de magia.)

Y por último, algunos trucos con dinero son fabulosos porque implican correr un riesgo con una suma determinada, aunque no sea muy cuantiosa. Nada resulta más emocionante para un espectador que acaba de entregar un billete de 5 dólares que la expectativa de que, a cambio, le devuelvan uno que cuadruplique su valor.

Ovejas y ladrones

Si tienes dificultades para mantener la plática necesaria para condimentar un truco, éste te va a encantar. Además de ser increíblemente fácil y de resultar sorprendente, contiene una historia que hace que no pueda fallar.

El efecto: Mientras cuentas la historia de un par de ladrones de ovejas, pones cinco monedas en una mesa. Aunque recoges algunas de las monedas con cada mano, al final del cuento con pastores grandulones y astutos ladrones, las cinco monedas acaban en la misma mano.

El secreto: El principio de este truco es sencillo. Tienes un número impar de monedas, y por eso es imposible dividirlas equitativamente entre las dos manos, lo cual tendrá importancia a lo largo del truco.

Necesitas siete monedas iguales. Cinco servirán para representar las ovejas, y dos serán los cuatreros.

1. **Sostén una moneda en cada mano, como se ve en la foto A de la figura 3-1. Deja las otras cinco monedas en la mesa.**

Comienza contando la historia de los problemas con el ganado en los Alpes. "Había una vez cinco ovejas que habían obtenido muchos premios en ferias de ganado, y que estaban pastando alegremente en las laderas alpinas", por ejemplo. Esta introducción atrae la atención de cualquier amante de las ovejas o de los Alpes que haya entre el público.

"Por otro lado, tenemos a dos astutos ladrones de ovejas que se dan cuenta de que estos preciosos animales podrían valer una fortuna en el mercado ovejero. Los ladrones se esconden en dos graneros que hay a cada lado de la pradera donde pastan las ovejas".

Mientras relatas lo anterior, deja bien clara la metáfora. Al hablar de las ovejas, señala las cinco monedas que hay en la mesa, y al mencionar a los ladrones o los graneros, enseña las manos. De esa manera, no te interrumpirán para preguntarte qué simbolizan unas u otras monedas.

"Y como las ovejas tenían sus premios, quienes las cuidaban también. Eran dos ex jugadores de rugby de la antigua Yugoslavia. Tan pronto como los pastores dejaron a las ovejas en su pradera para pasar la noche, los dos ladrones salieron

Figura 3-1:
Comienza
con las cinco
ovejas sobre
la mesa (A).
Al recoger
las monedas,
recuerda
empezar
con la mano
derecha (B).
Como nadie
sabe cuántas
monedas hay
en tus manos
(C), la sorpresa
del final tiene
mucho efecto
(D)

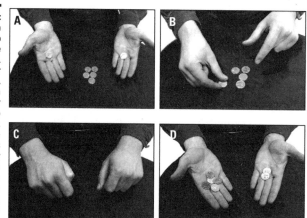

cada uno de su granero, y se dividieron los animales entre ambos".

2. **Recoge las cinco monedas, una por una, alternando las manos. Es fundamental empezar con la derecha.**

"Una, dos, tres, cuatro, cinco".

Es muy importante recoger las monedas una a una, empezando con la mano derecha, luego la izquierda, la derecha, otra vez la izquierda, para terminar con la derecha (foto B).

Al final, no deben quedar monedas sobre la mesa, y tú debes tener ambos puños cerrados, para ocultar las monedas que tienes en cada mano (foto C). Continúa con el relato.

"Cuando los dos pastores yugoslavos, que van de vuelta a casa, se dan cuenta de que no se oyen los balidos, vuelven corriendo a la pradera. Los ladrones los ven venir, y rápidamente vuelven a soltar las ovejas".

3. **Deposita las cinco monedas nuevamente en la mesa, una por una, alternando manos. Esta vez, empieza con la izquierda.**

"Una, dos, tres, cuatro, cinco".

Si has prestado atención al leer, te habrás dado cuenta de que la mano izquierda ahora debe estar vacía. Y como eres un actor que sabe convencer a su público, no vas a decir nada al respecto. Seguirás manteniendo los puños cerrados mientras gesticulas y sigues con tu historia, como si aún quedara una moneda en cada mano.

Ahora tenemos cinco monedas en la mesa, dos en tu mano derecha y ninguna en la izquierda. Pero desde el punto de vista del público, estamos igual que al principio.

"Cuando llegan los pastores, todo ha vuelto a la normalidad, y hay cinco ovejas premiadas pastando alegremente. '¡Pues nos lo habremos imaginado!', dice uno de los pastores con su acento yugoslavo. 'No se ve ni un pelo de esos cuatreros sobre los que nos advirtieron'. Así que se van, camino a casa".

"Eso era precisamente lo que esperaban los ladrones. 'No hay moros en la costa', dicen, y se lanzan a atrapar nuevamente a las ovejas, dividiéndolas entre ambos, para meterlas en los graneros".

4. **Recoge las cinco monedas, una por una, alternando las manos. Nuevamente, empieza con la derecha.**

"Una, dos, tres, cuatro, cinco" (ver foto B, nuevamente).

¿Te das cuenta de lo que estás haciendo? Como no empezaste con la misma mano al colocar de nuevo las monedas en la mesa, estás acumulándolas en la mano derecha y, al mismo tiempo, estás vaciando la reserva de la izquierda. Debes acabar este paso con cinco monedas en la mano derecha y dos en la izquierda.

"Pero esta vez los pastores sí estaban seguros de no oír balidos en la pradera. Volvieron a toda prisa y, al no ver a las ovejas, empezaron a sospechar qué sucedía en los graneros. Al abrir el primero, ¿saben qué encontraron? A los dos ladrones profundamente dormidos".

5. **Abre la mano izquierda para mostrar las dos monedas que tienes en ella.**

"Y en el otro granero, se encontraron a las cinco ovejas, sanas y salvas".

6. **Abre la mano derecha para dejar ver las cinco monedas (foto D). Déjalas caer sobre la mesa para acentuar el efecto.**

¿Por qué es tan efectivo este truco? Por dos motivos. El primero es que te muestra como todo un prestidigitador profesional que pasa seis horas al día practicando, pero en realidad el truco funciona por sí solo.

El segundo motivo es que gira alrededor de una historia de ovejas.

La moneda que desaparece, versión para dejar al público boquiabierto

No tendrías mucho de mago si no pudieras hacer que desapareciera una moneda, y ser capaz de hacerlo es uno de los requisitos del Reglamento de Magos (o lo sería, si existiera dicho reglamento).

Este truco no sólo contiene un acto de desaparición que sorprende por completo al público, sino que además implica algo de entretenimiento gracias a tus habilidades para atrapar una moneda.

El efecto: Pones una moneda en equilibrio sobre el codo y luego la atrapas de un manotazo. No es muy sorprendente, ¿verdad? Pero la segunda vez que lances la mano para atrapar la moneda, verás que ha desaparecido. Tienes las manos vacías, no está en tus bolsillos, y además te quedas el valor de la moneda.

El secreto: Para este truco, tendrás que practicar, pero no la parte de magia, sino la que tiene que ver con atrapar la moneda de un manotazo en el aire.

En privado, en tu casa, equilibra una moneda en tu codo, tal como se ve en la foto A de la figura 3-2 (para los propósitos de estas instrucciones, supongamos que eres diestro, así que pon la moneda en tu codo derecho). Ahora, lanza la mano hacia adelante, tratando de atrapar la moneda en el aire, como lo muestra la foto B. Practica hasta que logres atraparla en todos los intentos, pues nada le haría más daño a tu incipiente reputación de mago que dejar caer la moneda, o enviarla directa al ojo de algún espectador.

Una vez que hayas conseguido ese objetivo, que es algo útil para la vida en general, puedes atreverte a hacer el truco en público.

1. **Pide una moneda y ponla en tu codo.**

   "A ver, ¿quién puede hacer esto?".

2. **Lanza la mano hacia adelante y atrapa la moneda. Abre la mano para mostrar que allí la tienes.**

   De hecho, muchas personas pueden hacerlo. Más de un muchacho en edad escolar dedica sus horas de estudio a aprender destrezas como ésta.

   Así que la respuesta a la pregunta del paso 1 puede ser sí o no, y eso no afecta al truco.

   Estás a punto de fingir que vas a atraparla una segunda vez, pero el plan en realidad no es ése.

3. **Gira la mano derecha, de manera que el público vea el dorso, y finge tomar la moneda con la izquierda, pero vas a continuar con ella en el puño derecho. Sin detenerte, ponte de nuevo en posición, con el codo en alto. Finge depositar nuevamente la moneda en tu codo.**

   ¿Entiendes la belleza de este truco? Tu codo es una superficie plana que está por encima del plano de la vista del público, así que nadie puede ver que en realidad no hay moneda alguna allí. Pero todavía no has dicho que vaya a ser un truco de magia. Nadie tiene que sospechar que vas a hacer desaparecer la moneda, sino que vas a seguir demostrando un movimiento que aprendiste a hacer en secundaria.

Y aquí es donde viene el pase más sencillo del mundo, conocido por los maestros de la prestidigitación como "dejar caer dentro de la camisa".

4. **Deja caer la moneda por el cuello de tu camisa (foto C).**

Este movimiento es del todo invisible, en parte porque el público está concentrado mirando tu codo, y en parte porque se está aburriendo con tus demostraciones. Y ya sabes también por qué tus padres siempre te dijeron que te metieras la camisa en los pantalones: para que no se cayeran las monedas que pudieras esconder allí.

"Pues les garantizo que esto no lo pueden hacer". Debes decirlo muy alto, para asegurarte de que tu público está bien despierto para el gran final.

5. **Lanza la mano hacia adelante, como si fueras a atrapar la moneda y luego, lentamente, levanta la mano derecha abierta para mostrar que no tienes nada allí.**

Muestra que tampoco tienes nada en la mano izquierda. Si puedes, vuelve los bolsillos de tus pantalones, para mostrar que están vacíos. Sacude las mangas de tu camisa para mostrar que tampoco escondiste allí la moneda.

Nadie va a encontrar la moneda desaparecida (que reposa tan contenta a la altura del cinturón), a menos que decidan desvestirte. Queda a tu discreción aceptar ese ejercicio o no.

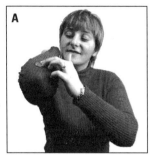

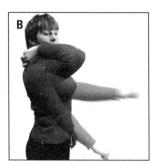

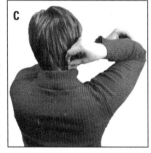

Figura 3-2: Este truco comienza con el reto de "puedo poner una moneda en mi codo y atraparla en el aire de un manotazo" (A y B). Pero al segundo intento, se convierte a otro reto: el de "puedo hacer desaparecer una moneda en el aire" (C)

La ley del mayor (o del más fuerte)

Si tu público está harto de trucos de monedas, aquí hay uno con dinero en serio: con billetes. En parte es ilusión óptica y en parte es un enigma que los espectadores querrán resolver. En otras palabras, es magia.

El efecto: Pones un billete de poco valor sobre uno de mayor valor y los enrollas juntos. A pesar de que le pides a un voluntario que sostenga un extremo de

Verdades de la magia, parte 4.
El factor sorpresa

La mayoría de las veces, repetir un truco conlleva problemas. Hay muchos trucos, como este de la moneda que desaparece, que se basan casi por completo en el factor sorpresa. Durante casi todo el truco, ¡la gente no sabe que estás haciendo un truco! Si repitieras el truco, por ejemplo, o anunciaras lo que vas a hacer con anticipación, los espectadores no perderían detalle relacionado con la moneda. Si están advertidos, es muy probable que se den cuenta de que tomas la moneda con la mano derecha y luego la dejas caer por el cuello de la camisa.

Muchos de los grandes efectos del ilusionismo funcionan sobre ese mismo principio: si el público no sabe lo que viene a continuación, no sabrá a qué estar atento. Si les das una segunda oportunidad, estarán prevenidos y tu aura de carácter mágico se desvanecerá.

un billete, al desenrollarlos, resulta que el billete de mayor denominación es el que está encima.

El secreto: Claro que puedes usar dos billetes cualesquiera para este truco. Uno de mis colegas usa un billete de cinco dólares y uno de otro país, que sea de un color totalmente distinto. Aquí usaremos uno de un dólar y otro de veinte. Puedes pedir prestados dos billetes, que devolverás al final del truco.

1. **Coloca los billetes formando una V, cuyo vértice apunte hacia ti, como se muestra en la foto A de la figura 3-3. El billete de un dólar queda encima del de veinte.**

Figura 3-3:
Comienza con
el billete de un
dólar a unos
2 cm del lado
más corto del
de veinte (A,
desde tu punto
de vista. Las
demás fotos se
tomaron desde
el punto de vista
del espectador).
Empieza a enro-
llar los billetes
(B) hasta que
la esquina del
de veinte esté
a punto de
desaparecer
(C). Señala la
esquina del bi-
llete de un dólar
mientras tu otra
mano oculta
el giro que da
la esquina del
de veinte (D).
Pide que el
voluntario sujete
la esquina del
billete de veinte
(E). Desenrolla
los billetes y
verás que el
de veinte está
en la posición
superior (F)

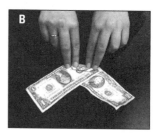
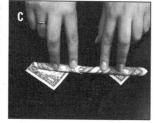
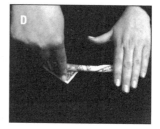
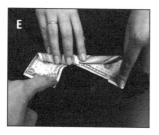

El lado más largo del billete de un dólar no está
alineado con el lado corto del de veinte, sino que
está a un par de centímetros de la esquina, como
se ve en la foto A.

"Hay algo curioso con respecto al dinero", puedes decir para empezar. "En estos tiempos, los

ricos siempre parecen estar en un lugar privilegiado. En el gobierno, en bienes raíces, en impuestos... Donde hay dinero, las grandes cantidades siempre están primero. Voy a demostrarles lo que estoy diciendo. ¿Ven que aquí la cantidad pequeña, el billete de un dólar, está por encima del billete de veinte?".

El público seguramente estará de acuerdo, y quizás esboce una expresión que dé a entender que así es como son las cosas.

2. **Levanta los extremos que se encuentran en el vértice (donde se unen ambos) y empieza a enrollarlos, como se muestra en la foto B.**

A propósito, si te resulta más fácil, puedes enrollar los billetes en un lápiz. Es una de esas decisiones personales de estilo para la magia que tú, el mago principiante, tendrás que tomar.

Sigue enrollando hasta que llegues casi hasta las esquinas más distantes. Como verás en la foto C, se llega a la esquina del billete de veinte antes que a la esquina del de un dólar, gracias a la manera en que se dispusieron antes de empezar. Debe quedar una minúscula punta del billete de veinte a la vista, asomando por debajo del rollo.

"Lo que sucede en las transacciones financieras es que las cantidades grandes se mezclan con las pequeñas. Durante una fracción de segundo, no vemos bien qué sucede. Lo que necesitamos son unas cuantas regulaciones en estos asuntos. ¿Alguien podría ayudarme con esto? Mira, sujeta esta esquina, aquí".

3. **Señala la esquina del billete de un dólar que queda expuesta, y golpéala con el dedo, como se muestra en la foto D.**

   Todo parece indicar que lo que haces es indicarle a tu ayudante que sujete la esquina que señalas firmemente contra la mesa.

   En realidad, lo que logras es que el asistente se concentre en el billete de un dólar, mientras tú haces el truco con el de veinte.

4. **Aprovechando que tu mano izquierda cubre el otro extremo, enrolla lo suficiente como para que la esquina del billete de veinte ya no quede prensada bajo el rollo sino en la parte de encima.**

   Gracias a las propiedades del papel en el que se imprimen los billetes, la esquina se desenrolla naturalmente hasta quedar sobre la mesa. Los dedos de tu mano izquierda han ocultado toda esta maniobra (foto D) que tiene lugar en un abrir y cerrar de ojos.

5. **Levanta la mano izquierda y con ella da golpecitos en la esquina del billete de veinte, que ha quedado expuesta.**

   "Sostén esta otra esquina también, por favor", dices ahora, señalando la esquina del billete de veinte (foto E). "Son las cantidades grandes las que más debemos vigilar. ¿Tienes sujetos ambos billetes? No los sueltes. No dejes que se muevan".

6. **Empieza a desenrollar lentamente los dos billetes, mientras tu asistente sujeta los extremos libres contra la mesa (foto F).**

"¿Ven? El problema es que, no importa cuántas regulaciones impongamos ni cuánta vigilancia establezcamos, las grandes cantidades siempre quedan primeras. ¡Esto es el capitalismo!".

Y sí, ahora el billete de veinte está encima del de un dólar (foto F). A los ojos del público, lo que hiciste fue enrollar los billetes hasta cierto punto, y luego desenrollarlos. Y el billete de denominación mayor traspasó el menor.

Prueba de reflejos con siete monedas

A pesar de mi advertencia estricta de nunca repetir un truco para el mismo público, en el caso de éste tienes mi autorización oficial por escrito. Hay unos cuantos trucos que son milagros a pequeña escala (sin fuego, ni palomas, ni palomas en llamas) y la repetición les da un aura más contundente.

Este truco me encanta porque se basa en pura psicología. El público se distrae por su cuenta sin que el mago tenga que hacerlo, como verás.

El efecto: Desafía a un amigo a ver quién gana en una prueba de reflejos. Pon siete monedas, una por una, en la mano de tu amigo y, sin importar cuántas veces repitas el ejercicio, siempre logras tomar la última moneda antes de que él cierre la mano.

El secreto: En realidad, nunca llegas a poner la *sexta* moneda en la mano de tu amigo. El secreto de este acto es la presentación donde, por un lado, engañas al voluntario por el simulacro que harás primero, y por el otro, haces que sufra de cierta ansiedad por estar ante la vista del público; por último, dejas caer la séptima moneda con la otra mano para así atraer la atención hacia ella.

1. **Anuncia que estás a punto de hacer una prueba de reflejos. Muestra las siete monedas en la palma de tu mano.**

Sigue mi consejo: dispón las monedas en un grupo de tres y uno de cuatro, como se ve en la foto A de la figura 3-4. (¿Por qué? Para que así tu público pueda confirmar mentalmente que realmente hay siete monedas. Lo último que necesitas es un espectador sabelotodo que alegue que nunca hubo siete monedas. Ver "Verdades de la magia, parte 3: Anticipa las soluciones absurdas", en el capítulo 2).

"¿Alguien quiere participar en una prueba de reflejos? Ésta la leí en una revista y es muy divertida. ¿Quién quiere probar? ¿Eres diestro o zurdo? Bueno, pon tu mano derecha abierta y plana, como una mesa".

Cuando tu ayudante lo haga, como se muestra en la foto B, sigue adelante con la explicación. En este truco, la plática es fundamental.

"Aquí tengo siete monedas. Voy a contarlas a medida que las traslado a tu mano, una por una. En el momento en que la séptima moneda toque tu mano, debes cerrarla de inmediato en un puño. Tan rápido como puedas. Es un asunto de reflejos. ¿Listo?".

2. **Empieza a trasladar las monedas, una por una, a la mano de tu ayudante, dejando que la siguiente caiga sobre las anteriores. Lo único que debes hacer es tomar cada moneda con tu mano derecha y depositarla en la mano del ayudante (fotos B y C).**

No tires las monedas en la mano de tu ayudante, ni tampoco presiones con ellas. Debes colocarlas de manera que hagan un leve sonido al tocarse. Cuenta en voz alta. No debes trasladar las monedas muy rápido, una por segundo o más despacio.

En la foto C se muestra cómo debes tomar las monedas con la mano derecha: el pulgar hacia ti y los dos primeros dedos hacia el frente, de manera que la moneda escasamente se vea.

"Una. Dos. Tres. Cuatro. Cinco. Seis". Eleva la voz con expectativa al pasar la quinta y la sexta monedas, pero no aceleres la velocidad con la que las trasladas de una mano a otra.

3. **La séptima moneda sigue otras reglas. En lugar de tomarla con la mano derecha, déjala caer desde la palma de la izquierda, directamente en la mano del voluntario.**

Si tu ayudante está atento, cerrará la mano tal como se lo indicaste.

Observa su puño cerrado, como si estuvieras haciendo cálculos mentales.

"Muy bien. Eres bueno. Pero ahora vamos a hacer algo un poco diferente, y las cosas se ponen interesantes. Voy a necesitar las monedas nuevamente, por favor".

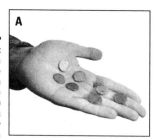
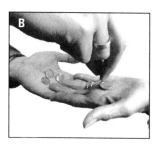

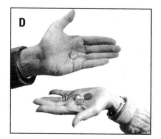

Figura 3-4: (A) Comienza con las siete monedas en la palma de la mano. (B) Cuenta las monedas y ponlas en la mano del ayudante. (C) Desde tu punto de vista: debes colocar las monedas y no tirarlas. (D) La séptima moneda debe caer desde tu otra mano

4. Abre la mano para recibir las monedas.

Cuando te las entregue, disponlas nuevamente en un grupo de tres y uno de cuatro, en tu palma.

Ahora deberás explicar, por primera vez, el verdadero sentido del truco.

"Ahora, vamos a hacer lo mismo, pero esta vez voy a quitarte la séptima moneda de la mano antes de que puedas cerrarla. Así que son mis reflejos enfrentados a los tuyos, y vamos a ver quién tiene los impulsos nerviosos más rápidos. ¡Vamos allá!".

5. Repite todos los movimientos de traslado y recuento de las monedas.

"Una. Dos. Tres. Cuatro. Cinco. Seis". Una vez más, pon cada moneda en la mano del asistente. Levanta la voz (pero no aumentes la velocidad) al acercarte a la séptima.

Y aquí viene la parte del truco.

6. **No dejes la sexta moneda en la mano del asistente, sino que debes hacerla sonar contra las que ya tiene en la mano, y luego llevar tu mano hacia un lado mientras vuelves la vista hacia tu mano izquierda.**

Tu mano izquierda debe levantarse, para dejar caer la séptima moneda, tal como lo hiciste durante el simulacro (foto D). Y luego sí la dejas caer.

7. **Deja caer la séptima moneda de tu mano izquierda a la mano del voluntario.**

"¡Siete!", dices.

¿Ahora entiendes el porqué del simulacro? No fue para probar la velocidad de tu oponente, sino para enseñarle cómo tu mano izquierda deja caer la séptima moneda. Ésa es la "prueba de reflejos", porque lograste entrenar a tu público para mirar la mano izquierda que sube para dejar caer la moneda.

Y tu asistente cerrará la mano. Deja que pase un instante de silencio, y disfrútalo, para luego preguntar: "¿Cuántas monedas tienes en la mano?".

El asistente abrirá la mano para encontrar seis, por supuesto. Esto te dará tiempo para mostrar en alto la moneda que aún conservas en la mano derecha.

"Eres bueno, sin duda, pero no lo suficientemente rápido".

Permite que tu ayudante intente pasar la prueba de reflejos un par de veces más. Nunca descubrirá el secreto. ¿Sabes por qué? Porque no puede evitar que su mirada se distraiga. Ten en cuenta lo siguiente:

✔ Te giras a mirar tu mano izquierda en el momento crítico.

✔ La sexta moneda tintinea confirmando que ha caído en la mano del ayudante, como todas las demás.

✔ Has creado una increíble distracción verbal al mencionar la séptima moneda una y otra vez. Revisa tu plática y verás que, cuando el voluntario empieza la prueba, tú ya te has referido varias veces al número total de monedas.

✔ El conteo es tan lento y monótono que todo el público ya está aturdido cuando llegas a la sexta moneda.

✔ Tu sutil comentario después del simulacro, cuando dices que tu asistente es bueno, hace que éste se dé cuenta de que es él quien está a prueba frente al público y no tú. De repente, le preocupa que la séptima moneda aparezca, y todo su ser se concentrará en sujetarla antes que tú.

Después de dos o tres intentos, detente o prueba con otro miembro del público. Seguramente habrá alguno pidiendo que le dejen hacer la prueba. Permítele intentarlo, pero siempre deberás hacer el truco completo, con simulacro y todo. Ese ritual es importante para

Atrapa el billete

A diferencia del truco de las siete monedas, ésta sí es una verdadera prueba de reflejos que puede proporcionarle deliciosas horas de frustración a toda la familia.

Sostén por un extremo un billete que esté relativamente liso, tal como se muestra en la foto. Pídele a un miembro del público que ponga los dedos como una pinza, a la altura del centro del billete, sin llegar a tocar el papel (ver foto). La plática es muy eficiente: "Si consigues atraparlo, es tuyo".

Espera un poco, entre dos y cinco segundos, y suelta el billete. Eso es todo. Tu voluntario no podrá tomarlo, no importa cuántas veces lo intente ni la atención con la que mire el billete. No es posible lograrlo. Para cuando el ojo envía la señal al cerebro de que los dedos deben cerrarse, el billete ya ha pasado entre ellos.

Es una manera muy divertida de pasar el rato en un viaje largo.

establecer las expectativas del voluntario, sus presu-
puestos y su nivel de nerviosismo ante el público.

Seguir la pista al dinero

¿Que si tienes ojos en la nuca? ¡Por supuesto! Si este
truco no convence a tus amigos y familiares de que
eres un brujo con el dinero, nada lo logrará.

El efecto: Una persona del público se sienta ante cuatro billetes (tres de cinco euros y uno de mayor valor), y deberá cambiar sus posiciones mientras tú le
das la espalda. Y de alguna manera tú sabrás dónde
está el billete valioso al final.

El secreto: Este truco no tiene pérdida (gracias a
Harry Lorayne, miembro del panteón de consejeros y
experto en trucos mnemotécnicos de fama mundial,
quien lo recomendó para este libro). No tienes que
dedicarle mucho tiempo, aunque debes prestar atención y hacer cierto trabajo mental.

1. **Coloca cuatro billetes sobre una mesa: tres de
   cinco euros y uno de mayor valor (en la figura 3-5
   se usaron billetes de cinco y veinte euros).**

   Puedes poner tus propios billetes, aunque hay una
   manera más divertida de hacerlo: tú proporcionas
   el billete de valor y pides los demás al asistente.

   (También puedes pedirle al voluntario que dis-
   ponga los billetes en el orden que quiera, pero
   nadie se ha quejado cuando yo he impuesto el
   orden.)

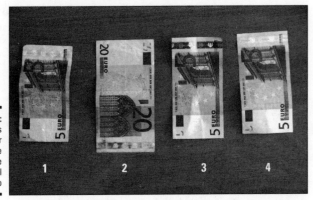

Figura 3-5:
Posiciones
para iniciar
el truco de
seguirle
la pista al
dinero

1   2   3   4

Puedes decirle al público algo como lo siguiente:
"Desde hace años, cuando acaba el mes y viene
el momento de hacer la contabilidad mensual, no
me tardo más de media hora en terminarla. No
me sobra ni me falta un céntimo al final, y nunca
sé bien cómo cuadra con esta facilidad. Supongo
que soy bueno para seguir la pista al dinero.
¿Quieren que se lo demuestre?".

"Te diré lo que tienes que hacer", le explicas al voluntario. "Tú me das los 3 billetes de cinco euros,
y yo pongo el de veinte. Si al final me equivoco, te
quedas con mi billete. Una buena ganancia por tu
inversión, ¿cierto?".

"Es un juego sencillo, en realidad. Me doy la
vuelta y tú cambias la posición de los billetes.
Cuando diga 'cambio', vas a intercambiar las
posiciones del billete grande y de uno de los que
tenga al lado".

2. **Muestra los cambios de posición deslizando los billetes sobre la mesa para que unos ocupen el lugar de otros.**

   Si el billete de veinte está en el extremo, intercámbialo con el de al lado.

   "Fácil, ¿no? Bien, ahora me doy la vuelta".

3. **Antes de volverte, recuerda la posición del billete de veinte.**

   Imagina que las posiciones están numeradas como 1, 2, 3 y 4 (contando de izquierda a derecha desde el punto de vista del público). Fíjate en la posición del billete grande y grábatela en la memoria, como si tu vida dependiera de ese dato.

4. **Vuélvete y pídele a tu asistente que haga cinco cambios de posición en total.**

   "Muy bien. ¿Estás preparado para empezar a hacer cambios? ¡Aquí vamos! Cambio. Y cambio otra vez. Otro cambio. ¡Qué divertido! Haz un nuevo cambio. Y otro más".

   En total, tu asistente no debe hacer más de cinco cambios, pero no debes mostrar que ése es el número mágico, sino que vas pidiendo un cambio tras otro según el momento. Presta atención al número de cambios. Yo suelo llevar la cuenta con los dedos.

   En este punto, las cosas se ponen serias. "Bien. No he podido ver lo que has hecho. El billete grande podría estar en cualquiera de las posiciones. A ver… creo que voy a pedirte que tomes uno de los billetes y lo retires del juego".

Finge que te concentras. Llévate la mano a la cabeza, haz un sonido de esfuerzo, mécete un poco sobre los pies. Si el efecto que produces es el de alguien que sufre de migraña, vas por el camino correcto.

5. Haz que tu asistente retire el billete del extremo derecho o el del extremo izquierdo.

¿Cuál de los dos? Depende de si la posición inicial del billete era par o impar. Si estaba en las posiciones 1 o 3 (impares) cuando te diste vuelta, dile que retire el billete del extremo izquierdo (de la posición 1, que también es impar). Si el billete estaba inicialmente en las posiciones 2 o 4 (pares), dile que retire el billete del extremo derecho (de la posición 4, que también es par). Lee este párrafo una y otra vez. Es la única parte de este truco que puede considerarse difícil.

"Ahora quiero que retires… a ver, a ver… el billete que está en el extremo derecho/izquierdo, y que te quedes con él. Es tuyo".

No me pregunten por qué funciona, pero resulta. Aunque no puedas verlo, el asistente tiene ahora sólo tres billetes, y el de veinte está en uno de los extremos. Desgraciadamente, no sabes en cuál de los dos. Afortunadamente, eso no importa.

6. Pide que haga un último cambio de posición.

"Bueno, continuemos. Haz un nuevo cambio de posición".

Hay sólo un lugar al cual el voluntario puede llevar el billete: a la posición central. El resto es pan comido.

"Muy bien. Ahora quiero que retires el billete que está... que está... en el extremo izquierdo. Eso nos deja sólo con dos billetes. Si mi sentido de rastrear el dinero funciona correctamente, uno de esos dos es el billete grande. Y ésta es tu última oportunidad de sacar provecho de tu inversión. Si me equivoco, te llevas el billete grande. Toma el billete que está en... en la posición de la derecha. Es tuyo. Y el que queda en la mesa es mío".

7. **Date la vuelta y señala triunfante el único billete que queda, el de veinte.**

Tómalo y guárdalo en tu cartera o en tu bolsillo.

"Eso les enseñará a no intentar engañarme con el dinero".

Capítulo 4

Usos nuevos para el viejo material de oficina

- -

En este capítulo

▶ Cómo hacer que las ligas salten de unos dedos a otros

▶ Desafía la gravedad armado únicamente con una liga

▶ Unas cartas, la fotocopiadora y tú

- -

*L*os magos ven el mundo de manera diferente a las demás personas. Para un mago, el universo es un enorme cuarto de juegos lleno de cosas que se pueden usar como objetos mágicos. Cualquier cosa que se pueda tomar con las manos se presta para hacer trucos de magia (y muchas que no caben en las manos también).

Las oficinas actuales están repletas de pequeños objetos de este tipo, muy útiles para los propósitos de la magia. Este capítulo te aleja del entorno protegido del hogar y te lleva al bullicioso y mágicamente seductor mundo de la oficina.

El pequeño Houdini: el triple escape de las ligas

Cuando abriste este libro y viste la palabra "escape" en el índice, probablemente te imaginaste algo con tanques de agua y esposas. Pero seamos realistas: tal vez ni siquiera tengas un tanque de agua. Y llevar unas esposas a la oficina puede meterte en problemas con la ley. No, lo que necesitas es un truco que se pueda ejecutar en un entorno común y corriente.

Este truco comienza como un viejo acto en el cual una liga salta de dedo en dedo. Pero si le añadimos las etapas II y III, se convierte en un trío de hazañas más digno de admiración.

El efecto: Pasas dos dedos por una liga. Algo pasa y la liga salta a los otros dos dedos de la misma mano.

Para demostrarte que esto no se consigue con un acto de prestidigitación rápido, añades una segunda liga y te atas con ella todos los dedos... y aun así la primera liga se las arregla para saltar de un par de dedos a otro.

Finalmente, cuando el público está a punto de acusarte de brujería, te superas: añades una tercera liga, y la pones alrededor del otro par de dedos. Ahora, aunque ambas ligas están aseguradas por la que está alrededor de las yemas de los dedos, se las arreglan para intercambiar lugares con un chasquido de los dedos.

El secreto: Lo maravilloso de este truco es que no hay nada sospechoso ni turbio en esas ligas. Pero aunque el público vuelva a sus casas y se pase toda la noche intentando imitar tu hazaña, su esfuerzo será en vano y todos terminarán frustrados y con ampollas.

Etapa I: El salto de la liga

Para el primer milagro, necesitarás una sola liga. El tamaño es importante: las más delgadas no funcionan tan bien como las que son más anchas. Las de colores son muy buenas. Una liga que mida unos 5 cm de largo cuando está sin estirar es lo ideal.

1. **Pon una liga alrededor de los dedos índice y medio de la mano izquierda, como se muestra en la foto A de la figura 4-1.**

   Puedes decir: "Como saben, Houdini se hizo famoso por escapar de celdas de cárcel, tanques de agua cerrados y cosas como ésas. Pero cuando era niño, comenzó con cosas más pequeñas. De hecho, hay una leyenda que cuenta que le picó el gusanito del escapismo con una sola liga, que apresaba con dos dedos, así. Con estos dos dedos".

   Una buena idea es señalar en qué dedos está la liga. Cada vez que puedas hacer comentarios para evitar que los miembros del público se confundan, hazlo.

2. **Con el índice derecho, tira hacia ti de la parte de la liga que está al lado de la palma de la mano unos diez centímetros.**

Figura 4-1:
(Las fotos A, B y C se tomaron desde tu punto de vista). Comienza con una banda elástica común (A). Usa la otra mano para crear una abertura (B) en la cual insertas las puntas de los dedos (C). Al abrir la mano, la banda salta al par de dedos de al lado (D)

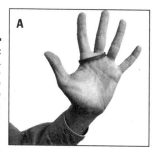

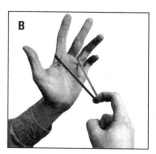

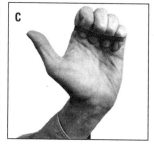

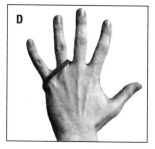

Como puedes ver en la foto B, acabas de crear una abertura triangular con la liga.

3. **Dobla los dedos de la mano izquierda e introdúcelos en la lazada que has formado (foto C), teniendo cuidado de no dejar que la parte del dorso de la mano se deslice. Suelta la liga con la mano derecha.**

La liga deberá golpear contra las puntas de los dedos. Puedes seguir diciendo: "Lo que Houdini descubrió es que algunas ligas tienen voluntad propia. Aunque uno sujete una de esas ligas especiales entre los dedos..."

4. Abre los dedos de la mano izquierda, teniendo cuidado de no dejar que la parte de la liga que está al lado de la palma se deslice debajo de las puntas de los dedos cuando estos se abran.

La liga salta, por sí misma, a los otros dos dedos (foto D). No me preguntes cómo funciona; sólo agradece que funcione.

"... puede escapar hacia los otros dedos cuando quiera".

La primera vez que hagas este truco, puedes seguir los pasos 2, 3 y 4 como pasos separados, tan lentamente como necesites, incluso en público. El truco funciona perfectamente incluso como adivinanza.

Pero después de que hayas practicado lo suficiente para hacer los pasos 2, 3 y 4 de manera uniforme y continua, en un solo movimiento, el truco comienza a verse bien incluso como ilusión óptica. Después de un tiempo, llegarás al punto en que el público ve que la liga salta (cuando la liberas con la otra mano) a los otros dos dedos.

Sin embargo, mientras tratas de apresurar los pasos, no caigas en la trampa para principiantes de tratar de lanzar la liga o de girarla hacia adelante en el paso 3. La mano derecha debería jalar hacia ti y luego soltar la liga; nunca se deberá mover hacia adelante.

Después de dominar la técnica para hacer saltar la liga de los dedos índice y medio al anular y meñique, haz que salte en dirección opuesta. No hay ningún misterio: sólo repite los pasos 2, 3 y 4.

¿Ves la belleza de esto? Ahora, puedes hacer que la liga salte de un lado a otro de la mano, cada vez con el delicioso sonido del elástico al golpear contra la piel, hasta que todo el público haya recogido sus cosas y se haya marchado a casa.

Etapa II: La liga encerrada

Pero espera: aún hay más.

Puedes seguir diciendo: "Houdini descubrió rápidamente que la gente sospechaba que usaba la prestidigitación para hacer que la liga saltara. Lo acusaban de hacer esto... muy, pero muy rápido".

1. **Con la mano derecha, saca la liga completamente de los dedos y luego ponla en los otros dos dedos.**

   Esto parece un movimiento muy torpe, pero de eso se trata.

   Vuelve a poner la liga en los primeros dos dedos.

   "Así, Houdini decidió demostrarles que estaban equivocados. Tomó una segunda liga, como ésta, y encerró los cuatro dedos. De esta manera, no había forma de quitar a mano la primera liga".

2. **Ata una segunda liga alrededor de las puntas de los dedos, girándola completamente entre cada dedo, como se muestra en la foto A de la figura 4-2.**

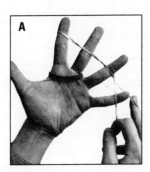

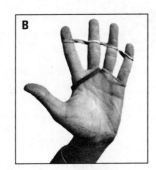

Figura 4-2: Todas estas fotos se tomaron desde tu perspectiva. La foto (A) muestra cómo "encerrar" los cuatro dedos. (B) es la preparación para el duelo de ligas. Tira de las ligas para formar una lazada con ambas (C), introduce los dedos en esa lazada (D) y abre la mano (E). Cuando abres los dedos (F), las ligas intercambian lugares

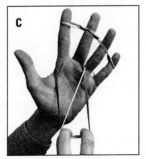

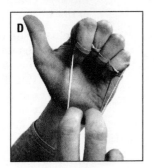

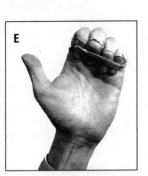

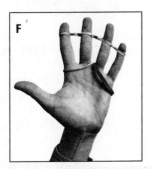

Si puedes encontrar una liga que sea de un color diferente al de la primera, el efecto es mucho mayor.

"Las multitudes que se reunían en el patio de la casa de Houdini eran más numerosas. Había borrachos que apostaban que no podría hacer que la liga saltara si los dedos estaban presos. Pero a pesar de todo, la magia seguía apareciendo".

3. **Haz que la liga salte a los otros dedos, exactamente como hiciste en los pasos 2 a 4 de la etapa I.**

   Sí, lo has leído bien. La liga que está en la punta de los dedos no afecta a esta manipulación para nada. El truco funciona exactamente igual, ya sea que haya una liga en la punta de los dedos o no. El salto es más efectivo de esta manera, pero no tienes que hacer nada para que la primera liga salte de un lado de la mano al otro.

   Haz que la primera liga salte de un par de dedos al otro y luego de vuelta al primer par unas cuantas veces, exactamente como lo hiciste antes de que la liga de "cierre" estuviera puesta.

Etapa III: Duelo de ligas

Cuando sientas que el público se empieza a cansar, toma una tercera liga. Te recomendé que buscaras una liga de un color diferente para la etapa II, pero la tercera debe ser de un color diferente de la primera.

La liga de cierre en las puntas de los dedos puede ser del mismo color de una de las dos que está en la base, aunque el truco es mejor si todas las ligas son de colores diferentes.

1. **Saca la liga que encierra la punta de los dedos durante un momento. Pon la tercera liga alrededor del anular y el meñique; la liga original deberá estar alrededor de tus dedos índice y medio.**

   La foto B de la figura 4-2 debería aclarar esta preparación (aunque todavía no te pones la liga de la punta de los dedos; lo harás en el siguiente paso).

   "Cuando Houdini tenía seis años, los vecinos se estaban cansando de ver este truco de la liga. Así que, cuando cumplió siete años, intentó el escape más grande que había hecho hasta entonces en su carrera. El famoso intercambio doble de liga con los dedos encerrados".

2. **Vuelve a poner la liga de cierre en las puntas de los dedos, como se muestra en la foto B.**

   "El reto, por supuesto, es hacer que estas dos ligas (aquí señalas las dos ligas que están alrededor de dos dedos cada una) intercambien sus lugares ante sus ojos".

3. **Engancha los primeros dos dedos del lado de la palma de ambas ligas.**

   Tendrías que hacer dos operaciones con las puntas de los dedos de la mano derecha, enganchando primero una liga y luego la otra, pero por lo demás es la misma maniobra que el paso 2 de la etapa I (ver foto C).

4. **Tira de las ligas hacia ti, haciendo una lazada triangular. Dobla las puntas de los dedos una vez más, esta vez dentro de ambas ligas, como se muestra en la foto D.**

Si te fijas, te darás cuenta de que no estamos haciendo más que repetir los pasos 2 y 3 de la etapa I, pero con dos ligas a la vez.

5. **Suelta la liga con la mano derecha. Cuando la liga golpee sobre los dedos doblados, o después (foto E), ponlos rectos (foto F).**

Las dos ligas saltan e intercambian lugares (¿ves ahora por qué tienen que ser de colores diferentes? Sería muy difícil convencer al público de que ha pasado algo si las dos ligas fueran idénticas).

"Y eso es todo. Lo logramos: a pesar de que parecía imposible, las ligas han intercambiado sus lugares".

No hay nada que te impida repetir los pasos 3 a 5 varias veces, haciendo que las dos ligas de colores diferentes intercambien lugares unas cuantas veces más.

Luego quítate las ligas. De una en una, lánzalas sobre las cabezas del público, como se describe en el recuadro "Cómo disparar una liga", de la página siguiente.

El anillo antigravedad

Este truco produce escalofríos. No sólo eso, se acompaña con una jerga pseudocientífica que resulta muy convincente.

Cómo disparar una liga

En sentido estricto, disparar una liga con la mano no es un truco de magia. En la televisión no vas a ver a David Copperfield lanzando una liga al público de Las Vegas.

Pero entra en la misma categoría que muchos otros trucos de magia: "Hacer algo divertido que los demás no pueden hacer".

Pon la mano derecha en forma de pistola, como se ve en la foto de la izquierda. Sujeta un extremo de la liga contra la palma con el dedo medio. Tira del otro extremo hacia ti; rodea el pulgar con la liga y estírala hasta la punta del índice. Deja que la tensión sostenga el extremo alejado de la liga contra el índice, como se muestra en la foto de la derecha.

Ahora, apunta cuidadosamente (el techo y el cielo son blancos magníficos: no se van a vengar ni te van a demandar); cuando estés listo para disparar, libera el dedo medio. La liga vuela lejos directa hacia su objetivo.

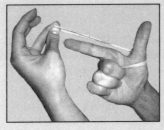
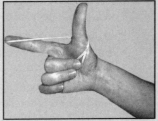

El efecto: Ensarta un anillo en una liga que vas a tensar. Mientras hablas acerca del eje de rotación de la Tierra muestras cómo, cuando inclinas la liga en un ángulo en especial, el anillo se desliza hacia arriba por la liga.

El secreto: Hay algunos principios científicos tras este truco, pero no tienen nada que ver con el eje de la Tierra, sino con el deseo intrínseco de las ligas de no permanecer estiradas.

1. **Rompe una liga elástica.**

   Puedes decir: "¿Alguno de ustedes lee revistas científicas? A mí me encantan y podría leerlas sin parar. El mes pasado leí un artículo buenísimo sobre los isótopos de nucleótidos. In-cre-í-ble. Me emocioné tanto que no pude dormir en varias noches".

   "Pero lo mejor fue lo de este mes. Todo lo de gravedad y física geotérmica y cosas como esas. Uno de los artículos que leí venía con un pequeño experimento que uno podía intentar. ¿Quieren verlo?".

2. **Pide prestado un anillo.**

   "¿Me puedes prestar el anillo? Gracias. Es muy bonito. Voy a hacer lo posible para no estropearlo más de lo necesario".

3. **Pasa la liga elástica por el anillo. Ahora separa las manos, pero conserva una parte mayor de la banda en la mano izquierda que en la derecha.**

   Es decir, sujeta la liga aproximadamente por su punto medio con la mano izquierda, y cerca del extremo derecho con la mano derecha. Deberás tener un buen trozo de liga oculto en la mano izquierda.

   Separa las manos unos 30 cm, como se muestra en la foto A de la figura 4-3. Comienza con el anillo situado más cerca de la mano derecha.

Figura 4-3:
Hay un buen trozo de liga oculto en la mano izquierda (A). El anillo antigravedad (B)

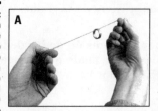 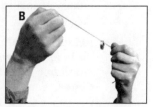

"Ahora bien, seguro conocen la fuerza de la gravedad. Sí, sí, la gravedad. La atracción de toda materia hacia toda materia. Fuerza es igual a masa por aceleración. Miren. Esto es la gravedad".

4. **Levanta la mano derecha por encima de la izquierda, de manera que el anillo comience a deslizarse hacia abajo por la liga inclinada hasta la mano izquierda.**

Deja que el anillo llegue a unos 5 cm de tu mano izquierda.

"Pero en este artículo que leí decía que hay muchas fuerzas menos famosas. Por ejemplo, la Tierra no gira en el espacio de una forma perfectamente vertical, pues en realidad el eje está inclinado 23 grados y medio. Éste es uno de esos extraños fenómenos científicos, como el hecho de que el remolino que forma el agua al irse por un desagüe gira en una dirección u otra, dependiendo de si uno está al sur o al norte del ecuador...".

5. **Gira el cuerpo en una dirección y luego en otra, como si intentaras encontrar el punto geofísico-mágico exacto.**

"En este caso, si uno está en la posición correcta, puede cancelar la gravedad. Para eso, es necesario igualar el ángulo de la Tierra de 23 grados y medio. Veamos...".

6. **Relaja gradualmente la tensión de los dedos de la mano izquierda, de modo que la liga comience a deslizarse por las puntas de los dedos.**

La relajación de la tensión es completamente invisible. El único indicio visible de que la liga se está deslizando es que el anillo comienza a moverse hacia arriba, hacia la mano derecha, como se muestra en la foto B.

"...Y el anillo sube, alejándose, en contra de la fuerza de la gravedad".

Cuando el anillo llegue a la mano derecha o se te acabe el exceso de liga, o cuando la gente esté aplaudiendo y lanzando billetes, detente. Toma el anillo con la mano derecha, entrégalo a su propietario y dale la liga para que la inspeccione.

El truco de la carta fotocopiada

¿Alguna vez has visto una sala llena de empleados que se desmayan al mismo tiempo? Permíteme decirte que es algo que no te puedes perder.

Ésa es exactamente la reacción que obtendrás con esta revelación de cartas, una sorprendente contribución de Michael Ammar, del panteón de consejeros. Podemos decir que este truco es divertido, poco convencional... e imposible.

El efecto: Un voluntario elige una carta. Nunca la ves, nunca la tocas. Luego sacas una hoja fotocopiada que muestra un millón de cartas bocarriba y una sola carta bocabajo; mencionas que esa mañana estuviste jugando en la fotocopiadora. Vas a probar tu omnisciencia pidiéndole al espectador que inspeccione las cartas que están bocarriba en la impresión. ¡La carta no está entre ellas! ¡Eres increíble!

El voluntario dice que hay muchas cartas que probablemente no son visibles en la fotocopia con las cartas desordenadas. Mostrando seguridad, giras la página, y ahí, en el reverso de la impresión original, están los reversos de todas las cartas, y el único bocarriba es el elegido.

El secreto: Lo que hiciste fue "obligarle" a escoger una carta determinada. En otras palabras, la carta es siempre la misma, cada vez que haces el truco (a menos, claro, que hayas pasado mucho tiempo en la fotocopiadora).

1. Antes de la función, prepara tu fotocopia.

Para hacerlo, pon el 4 de tréboles bocarriba en el vidrio de la fotocopiadora. Esparce el resto de la baraja, bocabajo, hasta cubrir el vidrio por completo. Haz una fotocopia de este montaje. Cualquiera que pase y te vea pensará que estás haciendo algo un poco raro, pero es un precio relativamente pequeño si lo comparas con las caras atónitas de tus espectadores.

Acabas de hacer el lado A, como puedes ver en la foto A de la figura 4-4. El resultado es una imagen de una baraja bocabajo con una sola carta bocarriba en el centro.

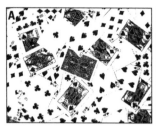 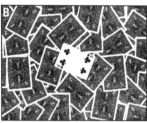

Figura 4-4:
La fotocopia preparada tiene dos caras. Aquí están el lado A y el B

Vuelve a la fotocopiadora. Repite el procedimiento, pero esta vez gira las cartas. Comienza con el cuatro de tréboles bocabajo en el centro, y rodéalo y cúbrelo con el resto de las cartas, bocarriba. Fotocopia este montaje en el reverso del primero, de forma que el resultado es una hoja de papel de dos lados (este "reverso" se muestra en la foto B).

Ten esta impresión a la mano. Toma una baraja, pon el 4 de tréboles en la parte superior, y sal a buscar una víctima.

2. **Obliga a un espectador a escoger el 4 de tréboles.**

   Obligar una carta consiste en ofrecer a tu voluntario lo que parece ser una opción libre, pero en realidad se ve obligado, sin saberlo, a escoger lo que tú quieres que escoja.

   El procedimiento para forzar que describo aquí es increíblemente fácil, pero en el campo de la magia hay una diversa gama de posibilidades con muchos niveles de complejidad. Comienza barajando las cartas de manera que la carta superior permanezca en su lugar; esto es, libera ese lado de la baraja al final, cuando juntas las dos mitades de la baraja. (Consulta el principio del capítulo 8, para obtener detalles sobre este barajado falso.)

Pídele a tu asistente que diga un número entre 1 y 15. Supón que la respuesta es nueve. "Lo que quiero que hagas es separar nueve cartas en una pila sobre la mesa, así: una, dos, tres, cuatro, cinco, seis, siete, ocho, nueve". Mientras haces esto, demuéstralo: da las cartas del mazo a la mesa, formando la pila de nueve cartas. Si te pones a pensarlo, te darás cuenta de que acabas de invertir el orden de las primeras nueve cartas.

"Cuando llegues al número nueve, quiero que examines la carta y la memorices. ¿De acuerdo? Fácil, ¿verdad? Vamos a hacerlo".

Toma la pila de cartas de la mesa, ponla en la parte superior de la baraja y entrégala al voluntario. Cuando llegue a la novena carta, recuérdale que la memorice sin mostrártela. Luego pídele que la ponga en medio del mazo y que baraje.

Ahora continúa: "Muy bien, pon las cartas en algún lugar donde yo no pueda tocarlas" (mientras tanto sacas tu fotocopia). "Muy bien, ya estamos seguros. Dime fuerte y claro: ¿cuál es la carta que elegiste?".

Cuando el voluntario mencione la carta, saca tu fotocopia. Asegúrate de tomarla de manera que nadie sospeche que tiene dos caras. Ponla en la mesa o el escritorio, con el lado A hacia arriba (ver foto A de la figura 4-4).

3. **Muestra al voluntario que predijiste la carta "correctamente".**

"El 4 de tréboles, dijiste. Sorprendente. Mira esto: hace un rato me puse a jugar con la fotocopiadora.

Lo increíble es que yo sabía que elegirías el 4 de tréboles. Si examinas esta impresión, verás que hay una carta bocabajo. Las demás están bocarriba, pero el 4 de tréboles no está entre ellas".

Deja que pase el momento de inspección y luego añade, para los que no se han acabado de despertar. "¿Ves? Así que la carta que está bocabajo es en realidad el 4 de tréboles".

Seguramente, alguien te mirará como pensando "Bueno, los otros trucos eran mucho mejores que éste".

Incluso te pueden decir algo así como "Ése es el truco más idiota que he visto. Hay muchísimas cartas que no se ven en este desorden".

En ese caso, tienes que mostrar tu carta de triunfo.

"No, lo digo en serio. Esa carta era el cuatro de tréboles. Miren, se lo demostraré":

4. Gira la hoja de papel para mostrar el 4 de tréboles bocarriba.

Espero que tu oficina esté alfombrada. Desmayarse y caerse en un suelo duro puede ser muy doloroso.

Verdades de la magia, parte 5.
La carta que escoges

El mundo de la magia está lleno de artimañas como la anterior para forzar cartas. Algunas incluyen una elegante prestidigitación; otras son mucho más fáciles. Sin embargo, todas dejan al espectador virtualmente sin opción de escoger las cartas.

Pero si el voluntario se pone a pensar en lo que pasó, estás perdido. Te puede preguntar: "¿Por qué no me permites *pensar* en una carta?".

Por eso, durante decenios, los magos han usado una mentira sutil en su charla. Se refieren a "la carta que escogiste". En el caso del recuento para forzar una carta, descrito en el último truco, ese comentario es ridículo. El voluntario no escogió esa carta, sino que apareció en cierta posición en la baraja.

Pero esa forma de hablar es una manipulación psicológica que ayuda al público a olvidar la mecánica de la elección de la carta y vuelve a pintar lo que ocurrió realmente como una selección libre.

Capítulo 5

Trucos con la ropa de los demás

Desde el punto de vista de tus víctimas (quiero decir de tu público), las cosas que haces con tus pertenencias son sorprendentes. Pero cuando haces magia con sus pertenencias, la magia se vuelve increíble.

En este capítulo aprenderás cómo hacer trucos con las posesiones más personales de tus espectadores: sus prendas de vestir.

Que alguien me dé un anillo... y una cuerda

Lo divertido de este efecto clásico es que en realidad no es magia. Quiero decir que no es que hagas un truco: aquí no hay secreto. Pero la expresión de las caras de los espectadores demostrará que están convencidos de que hiciste algo paranormal.

O al menos anormal.

El efecto: Pides prestado un anillo. Lo ensartas en una lazada de cuerda sostenida por los dedos de un voluntario y, una vez allí, te las arreglas para hacer unos cuantos giros hábiles y sacar el anillo del cordel.

El secreto: Todo lo que tienes que hacer es manipular el lazo original, tirando hacia un lado y hacia el otro. Pero tienes que hacerlo correctamente o parecerás un aprendiz de mago que no practicó lo suficiente.

Eugene Burger, del panteón de consejeros, me sugirió una solución brillante para el problema de cómo aprender a manipular los objetos: pon trozos de cinta adhesiva en los lugares correctos de la cuerda, como se muestra en la foto A de la figura 5-1. Etiqueta estos puntos con las letras X, Y y Z, como se muestra en la figura. (Recuerda quitar la cinta antes de ejecutar el truco ante el público, pues no querrás que tus fanáticos piensen que no te lo has aprendido.)

Aquí hay otro consejo para que domines el truco: ensaya haciendo las lazadas en los dedos de los pies, en lugar de en los pulgares de otra persona. De esa manera, puedes fracasar varias veces sin arruinar el truco anticipadamente para tu familiar, mejor amigo o pareja.

1. **Ata los extremos de una pieza de cuerda para formar un lazo. Pídele a una persona su anillo.**

"Para este truco, voy a necesitar pedir prestada una de sus preciadas pertenencias. Cuanto más costosa y personal, mejor. Algo con mucho valor sentimental. ¿Un *piercing* para la nariz? ¿Alguno lleva? ¿Nadie? Bueno, ¿un *piercing* para lengua? ¿Tampoco? Bueno, supongo que nadie lleva un anillo en el ombligo. Está bien. ¿Me presta su anillo de matrimonio, señor? Sólo será unos minutos. Le prometo que se lo devolveré. Espero que con la misma forma".

2. **Ensarta el anillo en el lazo de cuerda. Busca un voluntario y pídele que sostenga la cuerda extendida y horizontal entre los pulgares, como se muestra en la foto B.**

El anillo deberá estar aproximadamente centrado entre los dedos.

"Ahora quiero hacerle la forma de los postes de una portería de futbol. Señora, tenga la amabilidad de hacer el gesto de aprobación de los emperadores romanos con las dos manos, levantando el pulgar, como si le hubiera gustado la función".

"Perfecto. Voy a pasar el cordel por el anillo, así, y luego a usar sus pulgares como los postes. Creo que estará de acuerdo en que, a menos que hoy haya una alteración profunda de las leyes de la física, no hay manera de sacar el anillo de la cuerda, sin quitar el cordel de los pulgares o romper algo de manera permanente".

A menos que tu voluntaria no esté familiarizada con las leyes de la naturaleza, sin duda estará de acuerdo.

"Pero soy un mago y por eso mi trabajo es romper la leyes de la física cuando sea posible. Voy a sacar este anillo sin dañar nada y sin sacar la cuerda de sus pulgares".

3. **Toma el punto X del hilo más distante con tu índice izquierdo. Tira hacia ti, por encima del hilo más cercano.**

Tu dedo izquierdo con el punto X sigue en esta posición hasta el paso final (como puedes ver en la foto B).

4. **Casi simultáneamente, sujeta el punto Y (en el hilo cercano) con tu índice derecho, y tira de él hacia arriba y a la izquierda con la mano izquierda. Pasa ese lazo por encima del pulgar de la izquierda, de adelante hacia atrás.**

La foto C muestra cómo hacer esta maniobra de forma relativamente clara; durante el proceso, haz caso omiso del anillo.

Mientras haces estos nudos sobre el pulgar (deberías tardar mas dos segundos), di: "¡Uno!".

5. **Con la mano derecha, tira el punto Z (en el hilo más cercano) hacia la izquierda, exactamente como lo hiciste con el punto Y. Esta vez, pásalo sobre el mismo pulgar de la voluntaria, pero de atrás hacia adelante, como se ve en la foto D.**

Una vez más, deberás hacer todo esto en unos segundos. Ahora di: "¡Dos!".

En realidad, el truco ya se ha acabado. La única cosa que retiene el anillo en la cuerda es tu mano izquierda, que sigue sosteniendo el lazo original (foto E).

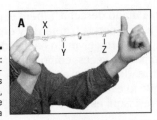
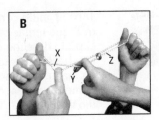
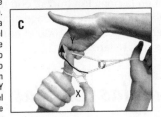
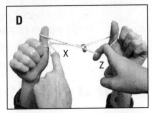
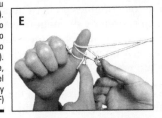
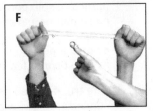

Figura 5-1: Para practicar más fácilmente, adhiere etiquetas a tu cinta de práctica (A). Comienza enlazando el hilo distante en el punto X y el hilo próximo en el punto Y (B). Lleva el lazo Y sobre el pulgar situado a tu izquierda (C). Haz lo mismo con el lazo Z en el hilo cercano (D). Finalmente, sujeta el anillo (E) y sácalo (F)

6. **Quita la mano izquierda. Mueve el anillo con la mano derecha mientras lo tiras hacia abajo y hacia afuera de las cuerdas.**

El anillo queda completamente libre y se oye un aplauso atronador; mira la foto F.

Pero ¿dónde está la teatralidad en todo esto? Si te interesa hacer que el efecto sea un poco más mágico, quita el anillo como se indica a continuación.

Tapa el anillo con la mano derecha. Libera el punto X que tenías sujetado con la izquierda y desliza el puño derecho que guarda el anillo hacia adelante y hacia atrás un par de veces, como si fueras un mago. Finalmente, deja que el anillo caiga en la mano izquierda, que lo estará esperando. Al mismo tiempo, di: "¡Tres! Aquí está el anillo, ya libre".

La voluntaria está en la posición inicial, con un lazo de cordel sobre los pulgares. Recoge el anillo de la mano izquierda, muéstralo a todo el mundo y acepta las flores que te lanzan.

Pasa a través de las cuerdas

Casi toda la magia que más me gusta se hace sin preparación: sólo con objetos comunes y corrientes que no se han preparado en secreto, y de manera espontánea. Pero, de vez en cuando, me topo con algún truco que, a pesar de requerir un poco de preparación, es tan sorprendente que resulta irresistible.

Este truco es uno de esos grandes éxitos. Es tan desconcertante que algunos espectadores llaman a su psicólogo después de la función.

El efecto: Tiras de dos cuerdas de manera que pasan a través del cuerpo de un voluntario y de su ropa.

El secreto: La cuerda de la que estamos hablando es una cuerda como las que se usan para las cortinas, pero de algodón en lugar de nylon. Es blanca, de algodón trenzado, y se consigue fácilmente en las tiendas. Ésta es la cuerda mágica con la que se realizan los trucos. Es un elemento básico del juego de herramientas de los magos porque es suave, versátil y en el escenario se ve muy bien.

Necesitarás dos piezas de 2.5 m de cuerda. Antes de salir al escenario, tienes que hacer una tarea sencilla. Pon las cuerdas una junto a la otra en una mesa, con los extremos iguales, y pasa un lazo de hilo blanco alrededor del centro exacto. Si es hilo resistente, tal vez dos vueltas sean suficientes; si es de grosor estándar, deberás dar varias vueltas antes de atar el nudo. El resultado deberá parecerse a la foto A de la figura 5-2; de hecho, el hilo es tan difícil de ver que resulta casi invisible, incluso en la foto.

Una vez que las cuerdas estén preparadas así, pasa unos cuantos minutos manipulándolas en privado. Descubrirás que la pequeña hebra blanca en el centro no es visible a una distancia de un metro o más. Incluso puedes sostener las cuerdas por los extremos (siempre y cuando las cuerdas cuelguen, paralelas y contiguas), sujetarlas por el medio (con lo que ocultarás el hilo), moverlas mientras hablas, y así sucesivamente.

1. **Invita a dos voluntarios a ayudarte. Uno debe llevar un saco puesto.**

   Cualquier clase de saco funcionará: gabardina, impermeable... cualquier cosa. En este momento, deberás estar sosteniendo las cuerdas por su centro atado con el hilo, dejando que los extremos cuelguen de los extremos opuestos de la mano; si abrieras la mano, verías algo parecido a la foto A de la figura 5-2.

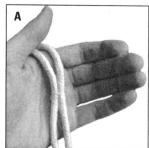
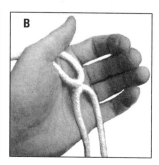

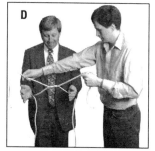

Figura 5-2: Manipula las cuerdas principalmente por el centro, ocultando el hilo blanco (A). Cuando llegue el momento, cambia la forma de sujetar la cuerda de modo que los extremos de cada una de las cuerdas salgan de cada lado de la mano (B). Ayuda a tu voluntario a ponerse el saco, haciendo que las cuerdas crucen su espalda (C). Finalmente, cruza una cuerda de cada lado (D), entrega el extremo a otro voluntario (E) y tira con fuerza (F)

"Bienvenidos al escenario. ¿Cómo se llaman?" (La etiqueta ante los voluntarios es un rasgo que distingue a los magos que tienen estilo.)

"Espero que no les moleste que les haya llamado, pero no pude dejar de fijarme en el saco de él.

Estoy seguro de que, cuando lo compró, sabía que estos sacos tienen algunas propiedades especiales. ¿Ya sabe que este saco le otorga poderes especiales? Bueno, además de protegerle del frío y atraer las miradas de la gente".

Mientras hablas, puedes juguetear con las cuerdas. Por ejemplo, deslízalas por un puño entreabierto.

"En realidad, puedo demostrarle lo curioso que es este saco. Pero, primero, necesito que se lo quite. Sí, quítese el saco".

2. **Mientras tu ayudante se quita el saco, estás sosteniendo el centro de las cuerdas con la mano izquierda. Desliza los dedos por entre las cuerdas para realinearlas. Deben quedar como se muestra en la foto B.**

LA PARTE DIFÍCIL

Permite que la gravedad te ayude a modificar tu punto de sujeción. Deja que el peso de los extremos de la cuerda larga te ayude a reconfigurar los extremos de la cuerda. Ahora, los dos extremos de la misma cuerda sobresalen de cada lado de tu mano izquierda. El hilo mantiene juntos los centros. (Por supuesto, has practicado lo suficiente para saber cuánta presión y roce romperían el delgado hilo y arruinarían el truco antes de empezar.)

"Excelente. Muy bien. Este saco es muy bueno. Lo podría vender fácilmente por una buena cantidad en el mercadillo de los magos".

"Ahora, si no le molesta, quiero que sostenga un par de extremos en cada mano y luego vuelva a ponerse el saco. Vamos, le voy a ayudar".

3. **Colócate detrás de tu voluntario y pon dos de los extremos de la cuerda en su mano derecha, y los otros extremos en la izquierda.**

   Por supuesto, cuando te pares a pensarlo, te darás cuenta de que le acabas de poner ambos extremos de la misma cuerda en la mano derecha, y ambos extremos de la otra cuerda en la izquierda.

   Pero no tienes que preocuparte por dar un tirón y romper los hilos que mantienen juntas las cuerdas. Al fin y al cabo, las cuerdas miden 2.5 m de largo, y tu ayudante sostiene los extremos. La única manera en que podría aplicar tensión a los puntos medios sería si tuviera unos brazos descomunales.

   "Aquí está su saco mágico, señor", podrías decir, imitando a un mayordomo. Abre el saco para que se lo ponga.

4. **Ayuda a tu voluntario a volver a ponerse el saco mientras pasa los extremos de las cuerdas por las mangas (foto C).**

   El extremo atado de las cuerdas está ahora en la espalda de tu voluntario, bajo el saco.

   "Muy bien, ahora está donde empezamos, excepto que tiene dos cuerdas que pasan por las mangas y por su espalda".

   "Muy bien, puede soltar las cuerdas. No se pueden escapar".

5. **Sujeta dos cuerdas, una de cada manga y átalas en un nudo sencillo, como en el primer paso del nudo para atarte los zapatos (ver la foto D).**

Aquí la idea es devolver un extremo de cada cuerda al extremo opuesto, como ves en la foto D. No hagas un nudo doble o ciego, o tendrás que dar muchas explicaciones más tarde.

"De hecho, sólo para asegurarme de que no se va a ir, quiero atarle con un nudo como éste. Ya sabe que uno tiene que ser muy cuidadoso con los voluntarios que se ofrecen a participar en los trucos de magia".

6. **Pide a tu segundo voluntario que sostenga un par de extremos de cuerdas. Sostén el otro par de extremos.**

"Si no le importa sujetar estos extremos de las cuerdas, se lo agradecería. Yo tomaré los otros".

Da un paso hacia atrás, para que la pose final se parezca a la foto E.

"Hace rato dije que su saco tiene poderes poco comunes y lo digo en serio. Seguramente, gracias a su vasta cultura, recordará algunas prendas de ropa famosas: el traje de Superman le hace invulnerable a las balas, el de Spiderman tiene mecanismos que le permiten tender telarañas y el de Batman tiene una ferretería entera en el cinturón. Pero su saco puede hacer que camine a través de objetos sólidos. Lo digo en serio".

"De hecho, se lo demostraré. En este momento, tiene dos cuerdas en la espalda y salen por sus mangas. Cuando cuente tres, quiero que dé un paso hacia atrás. Quiero que se concentre en lograr que usted y su saco pueden disolverse a través de las cuerdas. Que las cuerdas pasen a través de su cuerpo, a través del saco, y le dejen completamente libre. Sé que parece imposible, pero tiene que creer en su ropa".

7. **Da las instrucciones finales a tu segundo voluntario... y luego sorpréndelos.**

"Voy a contar hasta tres. Cuando llegue a tres,
usted y yo vamos a tirar de las cuerdas mientras
nuestro amigo se disuelve. Tire con fuerza, porque
no queremos que las cuerdas se atasquen en el
hígado o en las costillas. ¿Listo? Uno... dos... tres".

Cuando cuentes tres, da un tirón fuerte a tus
extremos de las cuerdas, al mismo tiempo que
tu segundo voluntario. Ese tirón rompe el hilo
blanco que está en algún lugar de la espalda del
propietario del saco. En una fracción de segundo,
ambas cuerdas quedarán repentinamente ante el
propietario del saco, que está ahora totalmente
libre de ataduras (foto F). Todos los presentes
(público y voluntarios) también se mostrarán
asombrados. Para este momento, la pequeña
pieza de hilo blanco se habrá quedado enredada
en algún lado o habrá caído al suelo sin que nadie
se diera cuenta. El público puede examinar las
cuerdas y el saco.

"Esto es fabuloso. Piense en las posibilidades:
cuando salga de aquí, podrá caminar a través de
las paredes".

Este truco es magnífico. No lo rechaces sólo porque
es preciso que lo lleves preparado en secreto: consigue unas cuerdas de algodón e inténtalo.

Decapitación con bufanda

Éste es un fabuloso efecto de decapitación que puedes adaptar a casi cualquier circunstancia: puedes

traspasar tu cuello con cualquier cosa que sea larga y suave. Una bufanda funciona bien, pero también puedes usar una corbata, un trozo de cuerda o cordel, un pañuelo o chal (si es suficientemente largo), hilo dental, cualquier cosa.

En las figuras que ilustran este truco (revisa la figura 5-3), he indicado con las letras X y Y los dos lugares donde colocarás la bufanda.

El efecto: Te envuelves el cuello con una bufanda y luego la haces pasar a través de tu garganta.

El secreto: En realidad, la bufanda nunca está alrededor del cuello, gracias a cómo la envuelves desde el principio. Lamento que estas instrucciones tengan tantas palabras para un truco de 10 segundos pero, a falta de una demostración personal, ésta es la mejor manera de enseñártelo. Sigue las fotos, ensaya 15 minutos frente al espejo y tendrás un milagro de alta costura.

1. **Envuélvete el cuello con la bufanda. El extremo derecho deberá estar más abajo que el izquierdo.**

   "De niño, me enfadaba si mi mamá me abrigaba cuando hacía frío. Una capa de ropa encima de otra y otra y otra. Camiseta, otra camiseta, suéter, bufanda, gorro, guantes. Así no hay manera de que uno pueda jugar con los otros niños".

2. **Sujeta la parte derecha de la bufanda (marcada con X) con la mano izquierda más o menos a la altura de la axila, como se muestra en la figura 5-3, foto A. Al mismo tiempo, toma la parte izquierda de la bufanda con la mano derecha (marcada con Y).**

Figura 5-3: Sujeta con cada mano un extremo opuesto de la bufanda (A) y no lo sueltes. Tira de X hacia la izquierda, formando un nudo que quede sujeto contra tu cuello por el otro extremo, que envuelves a la izquierda a lo ancho de tu pecho, hacia arriba, detrás del cuello y hacia atrás y hacia abajo por el lado derecho (B y C). La parte difícil ya ha pasado: sujeta los extremos (D) y tira de ellos (E)

Observa que la mano izquierda está más arriba que la derecha. Observa que las manos se cruzan sobre el pecho para sujetar los extremos opuestos de la bufanda. Todo esto pasa al mismo tiempo y dura menos de un segundo.

3. **Tira del extremo X a la izquierda, rodeando la parte delantera del cuello. Simultáneamente, mueve el extremo Y primero hacia arriba, luego a la izquierda, y por último hacia atrás, alrededor de la parte trasera del cuello.**

La foto B deberá aclarar el procedimiento. Básicamente, estás tirando del extremo X para dejarlo a un lado mientras se produce la verdadera acción: el extraño movimiento de la mano derecha hacia adelante, hacia arriba, alrededor de la cabeza y por detrás de ella.

Mientras la mano derecha tira del extremo Y para que quede hacia la parte de delante del cuerpo (que ahora está en el lado derecho de la cabeza), tira del nudo X (que la mano izquierda ha estado sosteniendo todo este tiempo) para que quede en la parte posterior del cuello y fuera de la vista del público. En la foto C, el nudo va hacia atrás mientras la mano derecha se mueve hacia abajo y al frente. Levanta ambas manos.

"Pero incluso entonces, yo ya era un niño mago. Si mi mamá me ponía algo que no me gustaba..."

4. **Sujeta ambos extremos de la bufanda, como se muestra en la foto D. Cuando hayas captado la atención de todos, tira de la bufanda a través del cuello (foto E).**

"Entonces me lo quitaba, pasando a través de mi cuerpo".

Sugerencia: Si emites un gruñido fuerte, sacudes la cabeza hacia atrás y finges que estás haciendo un esfuerzo, mejorarás la ilusión.

Parte III
La zona del restaurante

En esta parte...

Ha sido fantástico sorprender a los compañeros de oficina y a tus amigos. Ahora ya estás preparado para el gran momento bajo los focos, en el centro del escenario, en el hábitat del mago que hace trucos de cerca: el restaurante. Este lugar es una zona encantada, donde todo puede convertirse en un objeto mágico, donde tienes público a una distancia determinada, y la iluminación es la adecuada.

Siéntate, comprueba las armas que tienes a tu disposición (los saleros, los cubiertos, las servilletas, las copas, los compañeros esperando el plato fuerte) y demuestra tu habilidad innata.

Capítulo 6

Los cubiertos a tu servicio

El mero hecho de sentarse a la mesa de un restaurante ya es una experiencia maravillosa para un mago. A tu alrededor, encontrarás toda una gama de objetos llenos de potencial mágico. Los cubiertos son especialmente atrayentes, no sólo por su forma y su brillo, y porque al público le resultan familiares, sino también porque se encuentran en cualquier restaurante.

Este capítulo es una guía hacia las maravillas que puedes poner en práctica en la mesa, ya sea en casa o en un restaurante, con cuchillos, tenedores, cucharas, vasos, platos y demás parafernalia no comestible.

La cuchara flexible, parte I

En la cafetería de mi escuela había tres formas de ganar puntos ante los demás con una cuchara. La primera era colgarte la cuchara de la nariz. La segunda, usarla para lanzar cubos de gelatina. La tercera implicaba "doblarla", poniendo la parte cóncava contra la mesa y fingiendo que aún tenías el mango entre las manos.

El problema era que casi todos los alumnos ya se sabían ese truco. Además, como no era posible ver el extremo del mango saliendo de las manos, el efecto no era tan obvio. Esta versión del truco de la cuchara flexible parte de ese intento adolescente y lo mejora.

El efecto: Con un grupo de espectadores sorprendido a tu alrededor, tomas una cuchara y la doblas sobre la mesa. En el preciso momento en que el camarero se acerca para ver qué sucede, abres las manos y muestras una cuchara recta e intacta. ¡No hay nada como la hipnosis grupal!

El secreto: Antes de empezar el truco, debes asegurarte de tener un aro metálico o un botón de metal. Cualquiera de estos objetos parece el extremo del mango de la cuchara entre tus dedos.

1. Pon el aro o botón en posición.

Con lo anterior me refiero a pellizcar el aro entre el pulgar y la primera articulación del índice, como se ve en la figura 6-1, foto A. No permitas que nadie vea el canto del aro aún, y escóndelo cuanto puedas entre ambos dedos. Ya estás listo para comenzar.

2. Para comenzar el truco, toma una cuchara con la otra mano.

"Tengo que reconocer que, aunque me encanta comer en este sitio, los cubiertos que tienen son de mala calidad. ¡Miren esto!".

3. **Ponte en posición.**

Rodea el mango de la cuchara con ambas manos. La que tiene el aro (la derecha) debe estar más arriba. En ese proceso, procura que el aro sobresalga un poco más, de manera que el borde plateado sea más visible, como lo muestra la foto B.

La cuchara está vertical sobre la mesa y sólo se apoya en ella la punta de la parte cóncava. El meñique izquierdo es el único dedo que agarra directamente el mango, y la mano derecha cubre la izquierda y sostiene el aro en el punto donde debería estar el extremo de la cuchara.

Una mano debe cubrir a la otra. Si no, al ponerlas una primero y otra después a lo largo de un supuesto mango de la cuchara, éste tendría que medir más de 20 cm (foto C).

4. **Inclínate hacia delante, finge hacer un esfuerzo y empieza a "doblar" la cuchara.**

Cuando hablo de fingir un esfuerzo, con gruñidos incluso, lo digo muy en serio porque es eso lo que hace que el truco tenga gracia. Necesitas dar la impresión de que la cuchara es más sólida que el papel de aluminio, por ejemplo.

Lo que debes hacer cuando presionas para "doblar" la cuchara es lo siguiente: haz que el mango se incline hacia ti, deslizando las manos como si hubieras doblado el mango y el vértice del doblez apuntara hacia ti. Las manos deben formar un

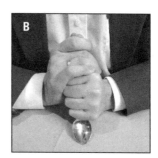

Figura 6-1: El aro secreto (A) que nadie debe ver. Una mano debe cubrir a la otra (B). No debes poner una arriba y otra abajo, pues el mango sería demasiado largo (C). Dobla la cuchara lentamente (D). Si abrieras los dedos de la mano izquierda, esto es lo que vería tu público (E). Al final, oculta el aro y deja la cuchara tan recta como al principio (F)

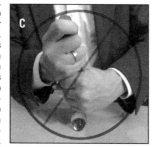

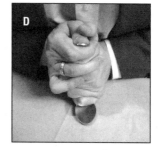

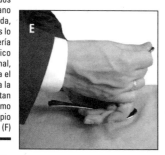

ángulo que apunta en sentido contrario. La parte cóncava de la cuchara se debe inclinar un poco más hacia la mesa, como se ve en la foto D.

Como tus manos siguen verticales, el efecto hace pensar que estás doblando el mango en forma de L o de C. El meñique izquierdo es el punto de apoyo y giro sobre la cuchara (foto E), pues de otra forma apenas la tocas.

Llega hasta el punto en que parecería que la cuchara va a romperse, cuando el aro está casi paralelo a la mesa, como se ve en la foto D. Detente un segundo en esa posición; incluso puedes levantar de la mesa todo el montaje.

"El único problema de hacer una cosa como ésta es que después tengo problemas con los camareros. En momentos como éstos es bueno ser mago, para así demostrar que todo no era más que una ilusión óptica".

5. Deja caer la cuchara sobre la mesa frente a ti.

Créeme que todas las miradas del lugar se centrarán en la cuchara, y eso te dará al menos cinco segundos de privacidad para dejar caer el aro sobre tus piernas, tras el borde de la mesa, de manera que nadie pueda verlo (foto F).

Ahora tienes a un grupo de personas entretenido y sorprendido y una cuchara común y corriente en la mesa ante ti. ¿No sería fantástico aprovechar el momento para hacer otro truco que sirva de gran final?

Puedes hacerlo, si continúas con el siguiente truco que consiste en devolver a la cuchara su forma original.

El retorno de la cuchara flexible

¿Te gustaría presentar un truco como los que hicieron famoso a Uri Geller, el famoso mago israelí, pero en versión de bajo presupuesto? Este hombre llegó a presentarse a través de la televisión de muchos países, gracias a su acto de doblar el metal con su fuerza mental. Ahora, tú también puedes hacerlo, aunque no necesariamente te lleve a la televisión.

El efecto: Comienzas "ablandando" una cuchara por el mango. Para ello, doblas las mitades hacia delante y hacia atrás. A medida que la cuchara se ablanda, señalas que las moléculas se van calentando y dispersando cada vez más hasta que la cuchara desaparece por completo.

El secreto: Como ya he dicho, un restaurante medio es el mejor escenario para hacer trucos de magia. En este caso, tu regazo servirá como depósito para dejar caer la cuchara, antes de que cualquiera piense que el truco ha empezado. Lo único que necesitas, entonces, es una cucharada de habilidad histriónica, una cucharada de descaro y una cuchara común y corriente.

1. Pon la cuchara ante ti, de manera que se vea como en la foto A de la figura 6-2.

En otras palabras, la cuchara está a unos 30 cm del borde de la mesa, paralela a él.

"El otro día estaba hablando con unos amigos de los programas de TV de los años setenta. Nos acordamos de *La casa de la pradera* y de *Cañas y barro*[1], y alguien mencionó a otro personaje de

---

[1] N. del E. Popular serie de televisión estrenada en España en 1978.

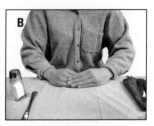

Figura 6-2:
La cuchara
en posición
inicial (A). El
"levanta-
miento" de
la cuchara
(B). Lo que
realmente le
sucede (B).
Doblar las
mitades (D).
Y romperlas
(E). Lo que
no se ve:
tu sonrisa
de triunfo
al mostrar
las manos
vacías al
final

esos tiempos: el mentalista Uri Geller. ¿Lo recuerdan? Era capaz de doblar una cuchara como quien
ve una flor marchitarse a cámara rápida. Pues
resulta que después de eso, me puse a practicar
un truco similar".

2. **Tapa la cuchara con ambas manos. En el movimiento de "levantarla", la deslizas hacia ti, hasta
   que caiga del borde de la mesa a tu regazo.**

Todo lo anterior sucede en un solo movimiento fluido, como se ve en la foto B (¿Fluido? Por supuesto, pues ya has estado practicando antes de hacerlo en público. Has probado a levantar la cuchara de verdad, para tener una idea de cómo debe verse.)

En el instante en que tus dedos barren la mesa y la cuchara cae en tu regazo y se pierde de vista (foto C), debes cerrar los puños, uno a cada lado, sobre el vacío que dejó la cuchara, como si aún estuviera allí. (Recuerda no hacer ningún gesto cuando la cuchara caiga sobre tus piernas.)

Tus manos no deben detenerse. Levántalas a unos 20 cm de la superficie de la mesa. No dejes de mirarlas. Finge que aún tienes la cuchara en ellas. ¡Actúa, actúa!

3. **Empieza a doblar la "cuchara" que tienes entre las manos, para ablandarla.**

Finge que la doblas como verdaderamente sucedería. Al principio está rígida, así que no puedes doblarla mucho ni con facilidad. Al igual que en el truco anterior, el esfuerzo debe notarse en tu cara y en tus manos. En la medida en que el punto medio de la cuchara "se calienta", puedes doblarla más y con mayor rapidez (foto D), manteniendo las manos juntas todo el tiempo.

"Mi truco de la cuchara flexible no es tan impresionante como el de Uri Geller, porque yo la doblo manualmente y no con la mente. Es un asunto de músculo y no de ondas mentales. Pero es divertido y sirve para atraer la atención de un camarero, si uno lo necesita".

Para ese momento, debes estar doblando la cuchara con rapidez. Reduce un poco el ritmo.

"Tarde o temprano, el punto medio de la cuchara se ablanda lo suficiente como para partirla en dos".

4. **Tuerce las dos mitades del mango de la "cuchara", como se muestra en la foto E. Puedes imitar el ruido de la cuchara al romperse haciendo sonar las uñas de tus pulgares.**

En otras palabras, rompes la "cuchara" al alejar tus manos una de otra. El efecto sonoro lo producen tus uñas al entrechocar (en la foto E están en la posición indicada para hacer ruido).

"Pero aunque el truco de Uri Geller es más misterioso, el mío tiene un final mejor. La cuchara está tan blanda que las moléculas se han desintegrado por completo".

5. **Frota tus dedos contra las palmas, como limpiándote algo pegajoso, y luego abre lentamente las manos para mostrar que están vacías.**

Cuando los hayas dejado boquiabiertos, mira tu postre con hambre, gírate hacia tu vecino de mesa y pídele: "¿Me puedes prestar tu cuchara?".

Un clásico: el salero que atraviesa la mesa

Debo ser sincero: no hay un mago que no conozca este truco. Figura en todos los libros de magia del mundo. Si lo ejecutas en un congreso de magos, van a reírse de ti.

Pero su fama se debe a que es muy bueno. Aunque los magos bostecen de aburrimiento, los que no son magos reaccionan de manera radical: deciden asistir a misa todos los días o se desmayan.

El efecto: Vas a asegurar que eres capaz de hacer que una moneda atraviese la mesa. Tras varios intentos fallidos, cambias de idea y lo que consigues es que el salero atraviese la mesa y que aterrice en el suelo del restaurante con un sonoro golpe.

El secreto: No hay mejor lección de magia en el mundo que este pequeño milagro. El secreto del truco reposa en los dos grandes principios de la magia: la sorpresa y la distracción. Ésta última no sólo es extremadamente sencilla, sino que además resulta del todo eficaz.

1. **Pide una moneda a uno de tus acompañantes. Ponla sobre la mesa, a unos 20 cm del borde.**

Lo mejor es esperar un momento en que la mesa esté relativamente despejada, como antes de pedir, o entre el plato fuerte y el postre. Aclárate la garganta para empezar.

"¿Quieren ver cómo disuelvo esta moneda para que atraviese la mesa?", puedes decir. "Es un acto muy difícil y no sé si lo conseguiré pero, cuando funciona, es una maravilla. ¿Alguien tiene una moneda que me pueda prestar?".

Pon la moneda frente a ti, en el lugar donde normalmente estaría el plato. Aparta el vaso o cual-

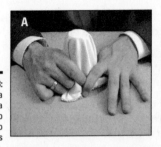

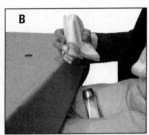

Figura 6-3:
La servilleta
toma la forma
del salero
(A). Cuando
la muevas
hacia un lado,
el salero sale
de escena
rápidamente
(B). Tras tu
segundo "fra-
caso", mueve
el salero
hacia el lado
(C). Por último,
aplasta el
salero contra
la mesa (D)

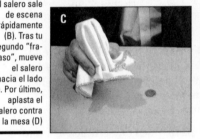

quier otro objeto que pueda bloquear la vista de
tus acompañantes.

2. **Tapa el salero con la servilleta.**

Toma la servilleta (funciona mejor con las de
papel), dóblala por la mitad o en cuatro (lo que
sea suficiente para cubrir el salero) y envuelve el
salero con ella. (Al doblarla, la servilleta se vuelve
más opaca y también mantiene mejor la forma que
le vas a dar.)

Si sientes la necesidad de seguir hablando mientras envuelves el salero, hazlo, pero recuerda
que no es necesario comentar todo lo que haces.
En lugar de eso, puede ser mejor hablar sobre la

dificultad de hacer que una moneda se disuelva y traspase el panel de madera de la superficie de la mesa.

3. **Pon el salero envuelto en la servilleta sobre la moneda, con gran nerviosismo.**

Finge inquietud y tantea con las manos, como si te estuvieras preparando para hacer un movimiento que tu público no debe ver.

"Bien, creo que todo está listo. Allá vamos. La moneda que traspasa la mesa, un pequeño milagro moderno. Uno, dos, ¡tres!".

4. **Levanta el salero y llévalo hacia el borde de la mesa, y no dejes de mirar la moneda. Afloja la mano que sostiene el salero envuelto, justo lo suficiente para que éste caiga en tu regazo. El envoltorio debe mantener su forma.**

Vuelve a leer este paso, pues en él radica el truco. Todo el mundo espera ver si has conseguido hacer desaparecer la moneda, así que todos, incluido tú, tendrán la vista fija en ella.

Todo esto te proporciona una pausa de distracción suficiente. Si una camioneta pasara por el interior del restaurante, el público no la vería. Tu mano reposa en el borde de la mesa, como se ve en la foto B, y deja caer el salero sobre tus piernas (ten cuidado de no arrugar la servilleta-envoltorio por accidente).

La distracción funcionará mucho mejor si:

- Juntas las piernas deliberadamente, de manera que el salero no se escurra entre ellas hasta llegar al suelo.

- Miras fijamente la moneda y dejas escapar alguna exclamación que implique frustración porque el truco no te ha salido.

- Señalas la moneda con la mano libre y dices algo así como "No lo entiendo. Funcionó cuando lo hizo el tipo de la tienda de magia" (señalar algo es una manera aún más eficaz de distraer al público que el mero hecho de mirar).

5. **Desliza la moneda más hacia el centro de la mesa. Cúbrela de nuevo con el envoltorio de la servilleta (ahora vacío).**

Vas a probar de nuevo. "Otra oportunidad, a ver. Les dije que esto era difícil. Señoras y señores, la moneda que traspasa la mesa, toma 2. A sus puestos. Uno, dos, ¡tres!".

6. **Esta vez, mueve la mano que sostiene el envoltorio hacia el lado para descubrir la moneda, que no ha querido desaparecer (foto C).**

En lugar de llevar la mano hacia ti, como lo hiciste en el primer intento (paso 4), esta vez muévela hacia el lado. ¿Por qué? Para que así el público vaya olvidando que el salero estuvo cerca del borde (y por eso también vas a ir moviendo la moneda hacia el centro de la mesa en cada intento; así el público olvidará gradualmente que todo comenzó tan cerca del borde).

Desde el punto de vista de los espectadores, has fracasado dos veces. Tus expresiones de frustración deben ser más enfáticas ahora.

"Caramba, no sé qué pasa. Les juro que no debería ser tan complicado. A lo mejor es que la moneda debe tener la cara hacia arriba. Tal vez".

7. Levanta la moneda y vuelve a ponerla sobre la mesa, más hacia el centro. Por tercera vez, cúbrela con el envoltorio que forma la servilleta.

"Muy bien. A la tercera va la vencida. La moneda que traspasa la mesa, señoras y señores. Uno, dos, ¡tres!".

8. Levanta la mano libre por encima de la mesa. Bájala de repente y aplasta el envoltorio, de manera que la servilleta quede aplastada sobre la mesa. En ese preciso momento, separa los muslos de manera que el salero que tenías allí caiga al suelo.

A ojos del público, lo que acabas de hacer es traspasar la mesa con el salero. En un momento estaba encima de ella, y al siguiente está debajo (foto D). Es impactante.

No te preocupes porque el salero se rompa. El 98% de los saleros del mundo están hechos para resistir caídas desde una mesa. El otro 2% debe destruirse.

Si el suelo del restaurante tiene alfombra, el ruido de la caída del salero no será tan claro. Pero no importa, pues siempre habrá un curioso entre los espectadores que mirará debajo de la mesa para ver si el salero realmente la traspasó. Y allí está, en el suelo, justo debajo de la posición que tenía sobre la mesa.

9. Estira la servilleta sobre la mesa hasta que quede completamente plana.

Sonríe tímidamente. "Cambié de idea en el último momento", puedes decir. "Me imaginé que a estas alturas sería más fácil disolver el salero que la moneda".

10. Levanta la servilleta, tomándola por una esquina, para revelar que debajo de ella no hay nada que se parezca ni remotamente a un salero.

¿Para qué sirve hacer toda esta actuación de aplastar la servilleta y luego levantarla? Créeme, si no lo haces, algún terco va a estropear la perfección del momento pidiendo ver qué hay en la servilleta.

Claro, podrías dársela para que la examinara si lo pide, pero, ¿para qué enturbiar la majestuosidad del momento? Es preferible anticipar cualquier sospecha alisando y levantando tú mismo la servilleta.

Todo lo que queda en la mesa es la moneda y las caras admiradas de tus amigos. ¿Qué mejor ocasión para tomar la moneda y hacerla desaparecer? En el capítulo 3 hay algunas alternativas para lograrlo.

Tenedores equilibristas

En el reino de la magia, no hay mucho que uno pueda hacer con tenedores. Los libros están plagados de actos y trucos con cucharas y cuchillos, pero los grandes magos han guardado un extraño silencio respecto a los parientes dentados de los cubiertos.

En realidad, este truco no tiene secreto. La ciencia es la que opera la magia aquí, pero tu público quedará sorprendido, lo cual es el objetivo final.

El efecto: Equilibra dos tenedores en el borde de una moneda y la moneda en el borde de un vaso, como se ve en la foto B de la figura 6-4. El asunto parece del todo imposible, como si fuera en contra de la ley de la gravedad, pero lo cierto es que funciona, y la parafernalia se mantiene equilibrada en su lugar, mientras los espectadores miran sin dar crédito y te consideran una especie de ser superior.

El secreto: Resulta que los mangos de los tenedores desplazan el centro de gravedad de cada uno de ellos hasta situarlo justo en el borde del vaso. Pero eso es demasiado complicado. Digamos mejor que es pura magia.

1. **Inserta una moneda entre los dos dientes superiores de dos tenedores dispuestos como lo muestra la foto A de la figura 6-4.**

   Cuanto mayor sea la moneda, más sorprendente resulta el truco. Lo crucial es usar dos tenedores iguales, preferentemente los de ensalada o los de postre, que suelen ser más pequeños. La moneda debe encajarse entre los dos dientes superiores. Los tenedores no deben estar entrelazados. Basta con que su parte cóncava coincida.

   Te podrá parecer que todo este montaje es un poco absurdo. La primera vez que lo intentes puede que la moneda se caiga de su lugar o que los tenedores no se sostengan. Sigue intentándolo y ten paciencia. El camino hacia el nirvana de la magia está sembrado de peligros, pequeño saltamontes.

2. **Lleva el montaje de tenedores y moneda hasta un vaso. Pon el borde de la moneda sobre el**

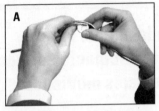

Figura 6-4:
Los tenedores deben quedar cerca de uno de los bordes de la moneda (A). Cuando se equilibran sobre el vaso, los tenedores parecen muy extraños (B)

borde del vaso, buscando el punto de equilibrio. Desliza los tenedores hacia el borde exterior de la moneda. Tantea hasta que todo el montaje esté estable y luego retira las manos lentamente.

Como ya he dicho, no hay pase secreto en este truco. La parte difícil es tener la paciencia de encontrar el punto exacto en el cual tenedores, moneda y vaso se mantienen en equilibrio (el vaso no tiene que estar lleno, pero debe ser pesado para que no se caiga de lado y te haga parecer torpe en lugar de hábil y diestro).

Cuando has encontrado el punto de equilibrio y tienes los tenedores en posición, puedes hacer que se balanceen un poco. La impresión que causa todo este montaje en movimiento es impactante.

Verdades de la magia, parte 6. No anuncies con anticipación el truco a menos que estés mintiendo

A medida que aprendes más de magia, verás que los magos profesionales casi nunca cuentan al público lo que está a punto de suceder antes del momento en que sucede. Al fin y al cabo, la sorpresa es una de las armas del mago. Si el público sabe qué debe esperar, la labor de crear un aura de misterio es aún más compleja.

Hay sólo dos casos en los que anticipar el efecto resulta favorable. El primero se da cuando vas a hacer un truco que no puede fallar nunca (cuando nadie puede encontrar el secreto a pesar de saber qué es lo que va a suceder) y al anticipar el efecto lo que consigues es subrayar la evidente imposibilidad de lo que estás a punto de lograr (como sucede con el truco de la cuerda rota del equilibrista ruso, en el capítulo 2).

La otra circunstancia en la que anunciar el resultado del truco es favorable para tu acto es cuando estás mintiendo. En esos casos, lo que anticipas actúa como distracción psicológica. Logras que el público mire tu presentación, buscando algo que no sucederá, y eso te da la oportunidad de hacer algo completamente diferente.

El truco del salero es un ejemplo clásico del segundo caso. Anuncias que harás desaparecer la moneda y casi no mencionas el salero. Nadie va a acusarte de haber mentido descaradamente al público, debido a la sorpresa que vas a causar.

De hecho, el efecto general es tan fuera de lo
común (foto B) que ni siquiera necesitarás tu elo-
cuente plática. Montar todo el tinglado son apenas
diez segundos y, después de eso, el dulce silencio
de la incredulidad es el único sonido que necesitas.

Monte con tres tazones[2]

Si el truco de seguirle la pista al dinero (ver capítulo
3) te salió bien y fue del agrado del público, este otro
truco, uno de los preferidos de Jim Sisti, consejero de
nuestro panteón, puede resultar un buen complemento
en un restaurante. Su nombre proviene del "monte con
tres cartas", juego que suele verse en las calles de muchas ciudades, quizás con tres tazas y una bolita, en el
cual se invita a los transeúntes desprevenidos a apostar cierta suma a que pueden seguir una carta determinada (o la bolita oculta bajo una de las tazas) a lo largo
de una sucesión de movimientos de las tres cartas (o
tazas). Pista: el desprevenido apostador nunca gana.

En esta versión tú desempeñas el papel del desprevenido. Tu espectador será quien haga los movimientos. Y a pesar de eso, saldrás ganando.

El efecto: Un espectador esconde un trocito de pan,
un terrón de azúcar o un objeto semejante, bajo uno
de tres tazones idénticos. El espectador mueve los
tazones mientras tú le das la espalda, modificando
el orden inicial tanto como quiera. Cuando te das
vuelta, de inmediato identificas el tazón que oculta el
trocito de pan.

---

[2] N. del E. Este truco se conoce en México como *Dónde quedó la bolita*.

El secreto: Uno de los tazones (o tazas, o incluso vasos de papel) tiene una marca diminuta. Puede ser una grieta en el asa, o una mancha decolorada en la base, una minúscula raya de lápiz o una mancha de salsa que debes hacer antes de empezar el truco. Si sólo tú eres capaz de identificar uno de los tazones, el truco funciona por sí solo.

1. **Pon los tres tazones bocabajo sobre la mesa.**

   "¿Has oído hablar de ese juego callejero que en ciertas partes llaman 'monte'? En algunos lugares, el timador tiene tres cartas, dos negras y una roja, que desliza bocabajo sobre una superficie. El juego consiste en saber dónde está la carta roja al final de la serie de movimientos. También se juega escondiendo una bolita bajo una de las tres tazas. El timador recibe apuestas de desprevenidos que creen que pueden seguir el movimiento y adivinar dónde está la carta o la bolita, pero siempre pierden".

2. **Presenta el objeto que debe esconderse bajo uno de ellos.**

   Aquí digo "objeto" porque este truco no tiene que hacerse con un trozo de pan. Entre las muchas opciones puedes usar un corcho, una servilleta de papel arrugada hasta convertirla en bolita, una canica, etc.

   "En esta versión, voy a permitir que este voluntario sea el que hace los movimientos, y yo haré el papel del desprevenido ingenuo. Voy a darme la vuelta y vas a esconder el trocito de pan bajo uno de los tazones, y luego tendrás que moverlos y cambiarlos de posición. Y a pesar de eso, al final podré saber dónde está escondido el pan, sólo con percibir sus vibraciones. ¿Quieres intentarlo?".

No hay ni una persona entre cien que rechace semejante oportunidad de hacer quedar mal a un presuntuoso.

3. Explica las reglas.

"Primero vamos a asignar posiciones a los tazones. Ésta es la 1, ésta la 2 y esta última la 3". Señala las tres posiciones, de izquierda a derecha, como se muestra en la foto A de la figura 6-5. "Cuando me dé la vuelta, esconde el trocito de pan debajo de uno de los tazones, y luego te daré más instrucciones".

Figura 6-5: ¿Puedes ver la marca (exagerada para el ejemplo) en la taza del medio (A)? En (B) la taza marcada no está donde debería

4. **Memoriza la posición del tazón marcado (posición 1, 2 o 3) y luego date la vuelta.**

   "¿Ya has escondido el trocito de pan? ¡Perfecto! Ahora quiero que inviertas las posiciones de los otros dos tazones, los que no ocultan el pan. Avísame cuando lo hayas hecho".

   Si se te llegara a olvidar alguna parte de este truco, que no sea este paso clave: decirle a tu voluntario que cambie la posición de los tazones que están vacíos. Eso es lo que hace que el truco funcione.

5. **¡Ha llegado el momento de empezar los movimientos!**

   Sigue dando instrucciones. "En realidad, no es necesario que te diga cómo mover los tazones. Puedes cambiarlos como quieras, incluso dos al mismo tiempo, cuantas veces quieras. Lo único que te voy a pedir es que cada vez que intercambies los lugares, me digas cuáles son las posiciones de los tazones que mueves, que las digas en voz alta. Así: Uno y tres. Dos y uno. Y así sucesivamente. ¿Está claro? Entonces, comencemos".

6. **Mientras tu ayudante dice las posiciones de los tazones que va moviendo, sigue la pista del tazón marcado, calculando la posición en la que debe estar.**

   En el paso 4 has memorizado la posición del tazón marcado. Cada vez que tu voluntario anuncie un cambio, mentalmente sigue el camino que va recorriendo ese tazón. Si lo prefieres, ve contando con los dedos si está en la posición 1, 2 o 3, pero asegúrate que de este gesto no quede a la vista del público (puedes meterte la mano en el bolsillo u ocultarla bajo el otro brazo).

Por ejemplo, supongamos que el tazón marcado empezó en la mitad (posición 2), así que tú comienzas con dos dedos estirados y el resto cerrados. El voluntario anuncia "Uno y dos" (tu tazón marcado debe estar ahora en la posición 1, así que cierra uno de los dos dedos para que sólo quede uno). El voluntario dice "Dos y tres" (tu tazón sigue en su lugar, sin inmutarse en la posición 1). El voluntario dice "Uno y tres" (ahora tu taza está en la posición 3, así que estiras dos dedos más para acompañar al tercero), y así sucesivamente.

Deja que tu voluntario siga moviendo los tazones hasta que el resto del público empiece a aburrirse.

"Bueno, ¿ya has acabado de hacer tus cambios? ¿Me puedo voltear ya?".

7. **Date la vuelta. Examina rápidamente los tazones y luego desvía la mirada. Acerca las manos a los tazones, como si estuvieras intentando percibir sus vibraciones. Gira los dos tazones que no ocultan el objeto, uno por uno.**

"Siento… siento que el pan escondido está… está… no, en este tazón no está. Y en este… no. En este tampoco".

8. **Por último, toma el asa del tazón correcto y gíralo, descubriendo el trocito de pan.**

"¡Ajá! ¡Aquí está! ¡La próxima vez que haga este truco tengo que acordarme de apostar a que sí puedo hacerlo!".

Claro, supongo que sería muy útil que te contara cómo saber cuál es el tazón que oculta el trocito de pan.

Cuando te des la vuelta y veas los tazones, mira si el tazón marcado está en la misma posición en que debería estar según el seguimiento que has hecho mentalmente y con los dedos. Las reglas son sencillas:

✔ Si la posición del tazón coincide con la que señalan tus dedos, ése es el que oculta el trocito de pan (si tus dedos indican la posición 2 y allí es donde está el tazón marcado, encontrarás el pan debajo).

✔ Si el tazón marcado debería estar en la posición 2 según tus cálculos pero está en la 1, entonces el pan está escondido bajo el otro tazón (el que está en la posición 3). En otras palabras, si esperabas ver el tazón marcado en una posición pero está en otra, olvídate de esos dos tazones. Encontrarás el trocito de pan bajo el otro tazón.

✔ Otro ejemplo: Te das la vuelta. Tus dedos indican que el tazón marcado debería estar en la posición 3, pero tú ves que en realidad está en la posición 2. El pan está bajo el tazón 1 (foto B).

Lo que resulta tan desconcertante de este truco es que en la mayoría de los casos ni siquiera el voluntario sabe ya dónde está el trozo de pan. El hecho de que tú te des la vuelta y con total seguridad reveles su posición es más que impactante.

Tienes mi autorización plena para repetir este truco en una misma sesión, si es posible con un voluntario diferente. Y después, pasa a otro acto que no recuerde tanto a los timadores callejeros de las grandes ciudades.

Monte con tres objetos, versión para dejar al público boquiabierto

El truco anterior es bueno, pero sigue siendo un truco. Los intelectuales que haya entre el público jamás sabrán cómo lo hiciste, pero se quedarán con la vaga impresión de que tuvo que ver con el hecho de que el voluntario dijera las posiciones de las tazas.

Verdades de la magia, parte 7. El cómplice

El uso de cómplices genera controversia entre los círculos de magos. Los puristas los consideran una violación de los principios básicos, pues opinan que la magia debe partir de los talentos propios, y no de la ayuda de un asistente secreto. Desde su punto de vista, tener un cómplice es algo que reduce el desafío de su arte.

Otros magos usan cómplices ocasionalmente, pues piensan que algunos trucos son tan buenos (como éste del monte con tres objetos) que se les perdona tener un cómplice.

Únicamente tú puedes decidir en qué bando estás. Dos de los trucos de este libro requieren cómplices (uno en el capítulo 11 y éste, a continuación).

Si te decides a tener un cómplice, te recomiendo que te cases con tu cómplice, por muchas razones. Por un lado, como llevarán varios años viviendo juntos, entenderán bastante bien sus gestos y señales. No tendrás que cambiar de cómplice y así no tendrás que explicar el secreto a muchos candidatos. Tú y tu pareja pueden reírse después de lo sucedido.

Y tienen razón. Si fueras un mago de verdad, deberías poder encontrar el trozo de pan gracias a tu percepción extrasensorial.

Lo que hace que esta versión del mismo truco (creada por el consejero Greg Wilson) resulte tan increíble es que parecerá que lo que te guía es una corazonada. No verás movimiento de tazones ni habrá que anunciar números ni calcular con los dedos. Todo se basa en una desconcertante capacidad para entrever las cosas.

En esta versión no es necesario el trocito de pan ni los tazones. Puedes usar cualquier cosa, siempre y cuando tengas tres iguales. Gregory Wilson usa servilletas de coctel o posavasos de cartón, más que nada porque en ellos puede escribir en caso de que quiera terminar con el arriesgado final de milagro, que es opcional y se describirá más adelante.

El efecto: Un voluntario toca uno de los tres posavasos y tú no sabes cuál porque estás de espaldas. Te das la vuelta e identificas correctamente el que tocó el voluntario. Repites el experimento varias veces y siempre aciertas.

El final de infarto (opcional): El espectador se limita a escoger mentalmente uno de los posavasos. Si todo sale bien, sigues acertando, y pruebas que lo sabías con anticipación. Giras el posavasos escogido y revelas el mensaje que habías escrito debajo: "Lo sabía".

El secreto: Este truco requiere tener un cómplice, o sea, un amigo que esté al tanto del truco, pero nadie más lo sabe. Tu cómplice usa un código sutil y silencioso para indicarte cuál fue el posavasos señalado.

1. **Coloca los tres posavasos (o los tres objetos iguales) sobre una mesa.**

   Puedes comenzar diciendo: "¿Quieren participar en un experimento? Estaba leyendo en una revista científica un artículo sobre las ondas alfa. Son unas ondas cerebrales que los científicos no han logrado medir sin usar electrodos, pero todo parece indicar que hay una especie de fuga de estas ondas al aire a nuestro alrededor. Hagamos una prueba: voy a cerrar los ojos y mientras quiero que uno de ustedes gire uno de estos posavasos. Debe darle la vuelta completa, para que quede exactamente igual que ahora. ¿Entendido? Ahora, cierro los ojos, y me avisan cuando ya hayan terminado la maniobra".

2. **Cuando vuelvas a abrir los ojos, echa un vistazo a las manos de tu cómplice.**

   Ésta es la clave del truco: los ojos de tu cómplice estaban atentos mientras tú los tenías cerrados, y por eso sabe exactamente cuál ha sido el posavasos elegido.

   Tu cómplice debe tener las manos a la vista para poder hacer la señal. Si tiene la mano derecha sobre la izquierda, el posavasos derecho fue el elegido. Si tiene la izquierda sobre la derecha, fue el posavasos izquierdo. En caso de que el escogido fuera el del centro, las manos de tu cómplice deben estar separadas. Las fotos de la figura 6-6 lo muestran con claridad.

   No mires fijamente las manos de tu cómplice, no demuestres nerviosismo ni tardes demasiado: una mirada rápida basta para enterarte. Si es posible,

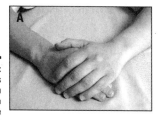
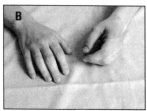
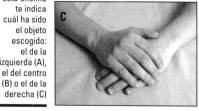

Figura 6-6:
Éstas son las manos de tu cómplice. La mano que está encima te indica cuál ha sido el objeto escogido: el de la izquierda (A), el del centro (B) o el de la derecha (C)

lo recomendable es que no mires a tu cómplice directamente sino que mires la señal con el rabillo del ojo.

3. **Finge que piensas durante unos instantes y luego "adivina" cuál de los tres posavasos fue el señalado.**

"Presiento... presiento... presiento que fue éste. ¿Estoy en lo cierto?", cierra el puño sobre el posavasos.

Claro que estás en lo cierto.

4. **Repite la "prueba" varias veces.**

Hay sólo tres objetos, así que hacer el truco una vez y acertar puede ser suerte. Si lo repites, el impacto será mayor.

Con cada nueva repetición, procura aumentar la dificultad. Por ejemplo:

La segunda vez: "Ya sé que piensan que quizás haya algo. Bueno, esta vez no sólo voy a cerrar los ojos, sino que me voy a poner de espaldas para repetirlo". Tal como acabas de proponer, te das la vuelta y, a pesar de eso, consigues acertar a la hora de decir cuál fue el objeto elegido.

La tercera vez: "Hagámoslo más difícil esta vez. En lugar de darle la vuelta al posavasos, limítate a tocarlo, ¿vale? Veamos si en ese caso aún puedo percibir alguna onda alfa por ahí como para saber cuál fue el que has tocado".

La cuarta vez: "Repitamos la prueba, pero esta vez ten cuidado de no hacer ningún ruido al tocar el posavasos. Sólo desliza dos dedos sobre el que escojas. Allá vamos".

La quinta vez: "Creo que ya estoy aprendiendo a hacer esto. Una vez más, pero ahora ni siquiera lo toques. Sólo pon la mano a 20 cm sobre el posavasos durante un instante".

Tras cinco o seis veces, ya has demostrado tu superioridad para detectar ondas alfa. Da las gracias a tu voluntario y dile que tu capacidad para leer la mente aún no llega al punto de poder adivinar números de tarjeta de crédito, y di que no es más que un buen truco.

Cuando te sientas cómodo haciéndolo, quizás quieras arriesgarte a representar el final milagroso. Sólo funciona una de cada tres veces, pero quien asista a una de las veces exitosas, no podrá pegar ojo en semanas pensando en cómo lo conseguiste.

5. Arriesgado final milagroso (opcional): permite que tu ayudante se limite a escoger mentalmente uno de los tres posavasos.

"Como creo que he aprendido mucho de esto de detectar ondas alfa, les propongo un último experimento. Esta vez voy a voltearme y quiero que pienses en uno de los posavasos. Concéntrate en él (con la mente, no con la vista)".

Tu cómplice no te puede ayudar en esta oportunidad, pues tampoco sabe cuál fue el objeto elegido. Esta vez se lo dejas todo al azar, y tienes una oportunidad entre tres de acertar.

Voltea y examina los posavasos antes de "adivinar".

En realidad, vas a escoger el que tiene el mensaje escrito debajo, ¿cierto? Pensando en la posibilidad de hacer este final, escribiste "Lo sabía" en la parte inferior de una de las servilletas o de los posavasos.

Te equivocarás dos de cada tres veces. Si te equivocas, no tienes que preocuparte. Encógete de hombros y di algo así como: "¿Acaso pensaban que podría leerles la mente?". Fracasar en este último intento no empaña tus logros anteriores, al haber acertado cinco o seis veces seguidas. Así que el truco sigue siendo bueno.

Sin embargo, si aciertas esta última vez, tu público será capaz de adorarte. Y más si añades: "De hecho, esta vez no ha sido un asunto de ondas mentales, sino de otra destreza que he venido desarrollando: predecir el futuro. ¿Lo ven?".

Toma el posavasos y muestra su parte inferior con el mensaje de "Lo sabía", y luego puedes disfrutar del alboroto que se arma. En cuestión de instantes, uno de los asistentes se acercará para girar los otros dos posavasos y asegurarse de que no había nada escrito en ellos.

La respuesta es obvia: están en blanco, al igual que las mentes de los espectadores cuando intenten averiguar cómo lo has hecho.

Capítulo 7

A jugar con la comida

*¡L*a comida! ¡Tan a mano! ¡Tan cotidiana! ¡Tan abundante! ¡Es maravilloso poder usarla como objeto mágico y luego comértela!

Desde los albores de la humanidad, comer ha sido una ocasión para reunirse, un acontecimiento social. Como mago, sabes que durante la comida tienes un público cautivo que tiene tiempo a su disposición, cuentas con una mesa para ocultar tu regazo y además hay objetos con potencial por todas partes. Es una maravillosa oportunidad para un mago.

Es importante practicar un truco lo suficiente antes de presentarlo en público, pero en el caso de la magia "de mesa", resulta crucial. Si uno de estos trucos fracasa, no tienes adónde huir y deberás quedarte allí sentado, cocinándote en tu vergüenza y diciendo banalidades hasta que llegue la cuenta y puedas huir lejos de allí.

Transformación del azúcar en edulcorante artificial

Éste es uno de los mejores trucos del libro. El consejero Gregory Wilson anota que es un acto de magia
sorprendente, inesperado y además "limpio". (Se
refiere a que no deja evidencia alguna, nada que el
público pueda ver y que arruine el truco. Lo único
que queda son los materiales que se usaron, que son
cosas comunes y corrientes, y que no van a descubrir la clave del truco.)

El efecto: Introduces un sobrecito de azúcar conve-
nientemente estrujado en tu mano cerrada y, cuando
sale por el otro extremo de tu puño, se ha trans-
formado en un sobrecito de edulcorante artificial,
también estrujado. Tienes las manos vacías y no hay
señales de un segundo sobre de azúcar.

El secreto: En realidad, tienes dos sobres, uno de
azúcar y uno de edulcorante. Pero la serie de pasos
que debes seguir hacen que el cambio de uno por
otro sea increíblemente fácil y a la vez imposible de
descubrir (la misma serie puede usarse para convertir una cosa en otra: azúcar en dinero, un pañuelo de
papel blanco en uno azul, carbón en diamante, etc.).

1. **Antes de empezar, estruja un sobrecito de edul-
    corante artificial y ocúltalo entre los dedos de la
    mano izquierda, como se ve en la figura 7-1, foto A.**

    En este primer paso, podrías fruncir el ceño y pre-
    guntarme: "¿Qué? ¿Debo hacerlo delante de todos,
    en la mesa?".

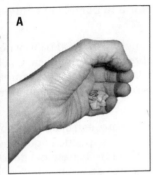

Figura 7-1:
Prepárate estrujando un sobre de edulcorante artificial para esconderlo entre dos de tus dedos (A). Introduce un sobre de azúcar común en tu mano (B) y recógelo de nuevo, arrastrándolo hacia ti (C). De esa forma, cuando el sobre de azúcar caiga en tu regazo a la tercera (nuevamente C), podrás mostrar el sobre de edulcorante que habías mantenido oculto (D)

PREPARATIVOS

Por supuesto que no. Debes hacerlo, mientras alguien habla de la última computadora que se compró o de sus acciones en Bolsa. Juguetea con el recipiente que contiene los sobres de azúcar, que suele haber en toda mesa de restaurante o cafetería. Toma un sobrecito de edulcorante artificial, como quien no quiere la cosa, sin decir nada, sin mirarlo. Nadie sabe que vas a hacer un truco, y si alguien te ve, quizá pensará que pretendes añadir a tu comida el contenido del paquetito.

Si todo esto te pone nervioso, ve al baño y por el camino toma un sobrecito de otra mesa. Lo cierto es que en medio de la conversación, la gente no notará lo que hagas o dejes de hacer con el recipiente del azúcar.

Cuando tengas el paquetito, estrújalo para convertirlo en una bolita lo más pequeña que puedas. Encájala para ocultarla entre la base del dedo anular y el meñique, como se ve en la foto A. Incluso con el sobrecito debidamente oculto, tu mano izquierda debe ser capaz de moverse sin problemas. Por ejemplo, debes poder estrujar el sobre de azúcar de verdad, como indica el siguiente paso.

2. **Toma un sobre de azúcar común y estrújalo hasta convertirlo en una bolita.**

   "¿Han oído hablar de los últimos estudios sobre el azúcar de caña? Han estado haciendo unos análisis químicos muy minuciosos y descubrieron que si uno comprime los gránulos de azúcar en un volumen muy pequeño, como estoy haciendo ahora...".

3. **Forma una especie de tubo con la mano que esconde el sobrecito estrujado (la izquierda), e introduce en ella el sobre de azúcar natural, de manera que caiga sobre la mesa.**

   Mira el sobre que cayó en la mesa como si el truco no hubiera funcionado.

   "Mmmm, un segundo. Déjenme ver".

4. **Recoge el sobrecito estrujado, arrastrándolo sobre la superficie de la mesa hasta llegar al borde (foto C), y vuelve a introducirlo en la mano que tienes dispuesta en forma de tubo (la izquierda).**

Vas a hacer un segundo intento de tu experimento científico.

"Al analizar las moléculas de azúcar que habían sido sometidas a una fuerte compresión, se descubrió que…".

Pero nuevamente el truco falla. El sobre de azúcar está en el mismo lugar donde cayó la primera vez (foto B).

5. **Recoge el sobre hecho bolita, de nuevo arrastrándolo hasta el borde de la mesa. Pero esta vez déjalo caer en tu regazo. Sin detenerte, lleva tus dedos vacíos (pero que aún dan la impresión de estar sosteniendo el sobre) hasta la mano izquierda. Finge que introduces el sobrecito en la mano por tercera vez, pero ahora haz que sea el sobre que tenías oculto, el de edulcorante artificial, el que caiga sobre la mesa.**

"Bueno, allá vamos. Entonces, si uno comprime lo suficiente el azúcar, se convierte en una sustancia semejante. ¿Sí ven? ¡Edulcorante sin calorías!".

6. **Mientras la sorpresa y las risas aparecen, despliega el sobre de edulcorante para que el público pueda verlo claramente (foto D).**

Mira cómo lo hace la modelo en la foto D, que abre por completo los dedos para dejar bien claro que sus dos manos están totalmente vacías. Por supuesto, el hecho de que al final del truco no conserve ninguna evidencia de su secreto es una de sus mejores características.

Si este truco tiene buena acogida entre tus compañeros de mesa, piensa en hacer otro similar, como el que se describe a continuación. Si lo haces, ya tendrás una *rutina* (o sea, dos o más trucos que siguen una secuencia lógica) y serás un mago mejor que los aficionados que sólo pueden hacer un truco cada vez.

El azúcar que se evapora

Este truco es aún mejor que el del azúcar que se transforma, si es que existe. Éste en particular se basa en un truco del mago Brad Stine, tal como lo ejecuta Gregory Wilson, quien parece tener una fijación con los condimentos y la comida.

Si has estado hojeando el libro en busca de un truco fácil, impactante y fuera de lo común, lo has encontrado.

El efecto: Abres un sobrecito de azúcar y viertes el contenido en tu puño. Pero cuando abres la mano para mostrarlo, está vacía.

El secreto: El sobre que abriste no contenía azúcar, pero no lo sabe nadie más que tú.

 Al igual que en el truco anterior, éste requiere unos cuantos pasos previos. Toma un sobrecito de azúcar con antelación. (Consulta el truco anterior para enterarte de cómo hacerlo. Si no quieres hacer los preparativos ante las miradas ajenas, ve al baño y hazlos allí. En mi caso, suelo hacerlo todo en mi regazo, oculto por la mesa.)

En la privacidad que te da el baño, o en tu propio regazo, sacude el sobrecito para que todo el azúcar se desplace hacia uno de los extremos. Con la punta de un cuchillo o el diente de un tenedor (o el filo de una llave), corta el lado del sobre en el que se encuentra el azúcar, haciendo una abertura a medio centímetro del borde. (Al acumular todo el contenido en ese extremo, creas una especie de colchón para que el objeto cortante no perfore las dos capas del sobre sino solo una.) No te preocupes si la abertura parece un desgarrón, es preferible así. La foto A de la figura 7-2 muestra este proceso.

Después de hacer el corte, vacía el azúcar dejando adentro apenas unos cuantos gránulos (foto B). Si estás en el baño, el bote de basura puede ser un lugar indicado para deshacerte del azúcar. Si estás haciendo los preparativos en tu regazo, vacíalo en tu servilleta (y después haz un envoltorio y siéntate sobre ella o algo así, de manera que no vayas a sacudirla en algún momento de la comida y que tus acompañantes la vean, pues así descubrirías el secreto del pequeño milagro que vas a ejecutar).

Por último, desliza el sobrecito "arreglado" en el recipiente que contiene los demás sobres de azúcar y edulcorantes. En este punto, debes dejar que te guíe tu sentido innato de la distracción y de la oportunidad. Puedes esperar a que alguien empiece a mostrar algo tan llamativo como un anillo de compromiso, o a que se oiga un ruido proveniente de la cocina y distraiga a tu público, o a que lleguen los platos fuertes.

O sencillamente puedes tomar varios sobres, juguetear con ellos y luego devolverlos al recipiente, con el
sobre "arreglado" entre ellos.

De cualquier forma, la parte difícil ya pasó.

1. **Comienza el truco tomando tu sobre preparado
   del recipiente del azúcar.**

   Si acabas de ejecutar la "transformación del azúcar en edulcorante artificial", tu plática saldrá de
   manera casi espontánea.

   "En serio. Los centros de investigación en caña de
   azúcar han estado haciendo estudios que demues-
   tran que el azúcar tiene un punto de ebullición y
   uno de evaporación, como el agua. Verán".

2. **Abre el sobre desgarrando el extremo, siguiendo la línea de la abertura que hiciste
   previamente.**

   Tal como se muestra en la foto C, acabas de destruir la evidencia de haber manipulado previamente el sobrecito. Puedes dejar caer la tirita de papel
   en la mesa o en tu plato.

   Antes de "verter" el azúcar en el siguiente paso,
   asegúrate de presionar un poco los lados sellados
   del sobre, de manera que la abertura se ensanche
   y que así el sobre no se vea completamente plano
   (y vacío). A ojos del público, lo que estás haciendo es un procedimiento para facilitar el vaciado
   del sobre.

3. **Cierra la otra mano para formar un puño, y vierte dentro el azúcar del sobre.**

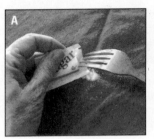

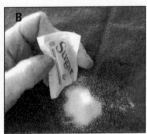

Figura 7-2: Antes de comenzar, haz la abertura (A). Vacía el sobre (B). Tras abrir el sobre (C), "vierte" su contenido, sosteniéndolo en la cuenca de tu mano (D), e incluso sacudiéndolo para que salga todo el azúcar (E). La desaparición (F) no se olvidará fácilmente

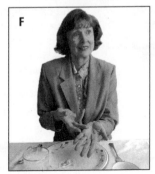

Como ves en la foto D, el acto de vaciar el sobre implica introducir la boca de éste en tu puño. "Vierte" inclinando el sobre hasta que esté completamente vertical.

Si puedes hacer que unos de los gránulos que dejaste dentro caigan en tu mano o en la mesa, el truco resulta aún mejor. Con eso acabas de demostrar que todo parece normal.

4. **Subraya la ilusión al sacudir los últimos gránulos que quedan en el sobre.**

O sea, cambia la forma en que sostienes el sobre: ahora debes sujetarlo por el extremo, y sacudirlo sobre el hoyo que forman tus dedos cerrados (foto E). Este detalle te permite darle más credibilidad a todo el montaje por el hecho de que el roce del papel contra tu mano puede parecer el ruido que hace el azúcar al caer en tu puño.

5. **Lanza el sobre vacío a la mesa. Sostén el puño en alto, aún cerrado como si contuviera el equivalente a una cucharada de azúcar.**

"Y aquí es cuando se produce la reacción química. Dejo que mi calor corporal opere durante unos instantes sobre el azúcar, y siento que empieza a volverse líquido en mi mano y luego se evapora. Sí, sí, lo siento evaporarse, y se va, se va".

6. **Abre la mano (foto F).**

La expresión en la cara de tu público te mostrará lo que es la magia.

A propósito: no te preocupes si algunos de los gránulos de azúcar quedan en tu mano. En realidad es bueno que así sea, pues de esa manera el público queda más convencido de que realmente había azúcar en ese sobre, y más perplejo al pensar en los gránulos que han desaparecido.

El pan que rebota

Supongamos que te ves obligado a salir a cenar con un ex novio de tu esposa. O que no te queda más remedio que asistir a una aburrida comida de tu compañía. O que aprovechas un vale de "cena gratis en un restaurante de lujo" que te ganaste en una rifa, y acabas en un lugar de baja categoría donde las únicas que comen bien son las cucarachas.

El reto: ¿Cómo expresas tu desagrado en tales ocasiones sin portarte como un niño malcriado? Prueba con este truco.

El efecto: Toma un pan de la panera y lo lanzas contra el suelo. Es tan viejo y está tan duro que rebota.

El secreto: En realidad, lo que haces es tirar el pan hacia arriba (cuando lo tienes bajo el nivel de la mesa) y te ayudas con efectos sonoros que produces con un pie.

1. **Toma un pan y expresa tu descontento porque no es del día.**

   Tras emitir un quejido al intentar morder el pan, puedes decir algo así como: "Este pan ya ha visto pasar sus mejores días. ¡Miren!".

2. **Haz el ademán de tirarlo hacia el suelo (ver foto A de la figura 7-3).**

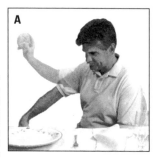

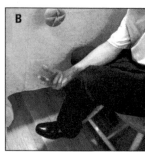

Figura 7-3:
Desde el punto de vista del público, tiras un pan al suelo (A) y rebota hacia lo alto de nuevo (C). En realidad, lo que sucede es que tu pie produce el efecto sonoro, mientras que tu mano se encarga de lanzar el pan hacia arriba (B)

Tu mano debe comenzar el movimiento por encima de la mesa y terminar debajo del nivel de ésta. Deja que pase una décima de segundo y luego...

3. **Da un buen pisotón contra el suelo para simular el sonido del golpe del pan contra el suelo. Una fracción de segundo después (aún por debajo del nivel de la mesa), lanza el pan hacia arriba.**

Esto de lanzar el pan hacia lo alto (foto B) es un simple movimiento de muñeca, y la posición de tu brazo y tu hombro no debe alterarse. Desde el punto de vista del público, se ve como en la foto C.

Ensaya bien los tiempos y el lanzamiento hacia arriba. A ti podrá parecerte que no es muy impactante, pero a ojos del público se ve graciosísimo, pues en realidad parece que el pan haya rebotado contra el suelo.

4. **Toma el pan cuando vaya bajando de nuevo y ponlo otra vez en la panera.**

Y la próxima vez, ¡evita salir a comer a un lugar como ése!

El pan que levita

Los experimentos con azúcar que hay al principio de este capítulo permiten ver la belleza de las rutinas. En otras palabras, es el encanto de hacer una serie de trucos relacionados. Si el pan que rebota tuvo buena acogida pero la cena sigue siendo aburrida, puedes continuar con una ilusión un poco más intensa.

El efecto: Cubre un pan con tu servilleta. Lentamente, por arte de magia, parece elevarse y levitar bajo la servilleta, y no obedece a nadie más que a su propia voluntad. Luego, aterriza de nuevo. Retiras la servilleta y debajo no hay nada más que un panecillo común.

El secreto: Una vez bajo la servilleta, pinchas el pan con un tenedor, y en realidad vas a controlar los movimientos del pan desde la esquina de la servilleta (gracias a tu mano y al tenedor). Sin embargo, conocer el secreto sólo es el 5% de este truco. El 95% restante se basa en tu aptitud histriónica.

1. **Coloca un pan en tu plato. Cúbrelo con la servilleta. Sujeta el extremo del mango del tenedor usando la esquina de la servilleta.**

   (Consejo: las servilletas de papel no funcionan para este truco. Debe ser una de tela.)

   Si has conseguido extender bien la servilleta, seguramente cubrirá también el tenedor. Advertencia para los diestros: aunque el tenedor suele estar al lado izquierdo del plato, tienes toda una comida para ponerlo al lado derecho, donde estará bien situado para este truco.

2. **Con la disculpa de colocar bien la servilleta, sostén el pan un instante, lo suficiente para pincharlo con el tenedor.**

   Todo esto sucede por debajo de la servilleta. Pero si la levantaras, verías el montaje que se muestra en la foto A de la figura 7-4 (tomada desde tu punto de vista).

   Durante las sesiones de práctica, ten cuidado de ensayar el mejor sitio para pinchar el pan. Si los dientes se sitúan por debajo de la mitad del pan, tienes más posibilidad de maniobrar durante la "levitación".

   Puedes inventarte un tema relacionado con el exceso de levadura que tiene ese pan, que lo hace muy esponjoso y volátil. También puedes usar este truco a continuación del anterior (del pan que rebota), diciendo que todos los panes parecen tener una tendencia juguetona ese día.

   También puedes llegar a la conclusión de que prefieres una atmósfera de mayor seriedad para lo que vas a hacer, y decir algo como "Sucede de vez en cuando

Figura 7-4: Si miraras debajo de la servilleta, verías el pan pinchado con el tenedor (A). Cuando te concentras en el pan (B), éste comienza flotar (C). Luego, el pan toma el control, moviéndose de un lado a otro (D), para terminar descansando sobre la servilleta (E). Por último, parte el pan en dos para demostrar que todo fue un acto de magia

que las condiciones son óptimas y que está uno en buena compañía ante una buena comida, y todo se siente ligero, propenso a volar. Incluso un humilde panecillo no puede resistirse a este hechizo".

3. **Sujeta la servilleta por las dos esquinas más cercanas a ti, con los pulgares por encima y los otros dedos debajo. El tenedor debe quedar entre el pulgar y el índice de tu mano derecha (si eres zurdo, en los de la izquierda). Despacio, pero sin vacilar, vuelve tus manos hacia abajo, rotando el tenedor para que quede en posición más vertical y que así el pan se levante en el centro de la servilleta.**

La foto B muestra las etapas iniciales. Observa fijamente el pan y trata de mostrarte indiferente. No lo olvides: tú te limitas a sostener la servilleta y la levitación se produce por sí sola.

Muy despacio, con majestad, permite que el pan y la servilleta "guíen" tus manos hacia arriba, lejos de la mesa (foto C).

4. **A medida que la maravilla va impresionando a los asistentes, mueve todo el montaje para que el pan suba, baje, flote hacia los lados o incluso que se asome por encima de la servilleta.**

La foto D muestra uno de estos movimientos.

Cuando te sientas cómodo con los movimientos, puedes incluso intentar esta maniobra avanzada (que no se puede hacer con todos los tipos de pan, pues depende de la forma): deja que la servilleta cuelgue de tus manos, verticalmente. Para hacerlo, tendrás que cambiar el ángulo del tenedor, de manera que ya no esté debajo de la servilleta sino detrás de ésta, y el pan frente a tu pecho.

Éste es un movimiento muy impactante, pero lo mejor aún está por venir. Muy despacio, para que los movimientos de tus dedos no te delaten, guía el tenedor hacia el borde superior de la servilleta, de manera que el pan se asome y el público pueda verlo a ver (foto E). Deja que la servilleta cuelgue floja para que parezca que el pan se apoya sobre su borde.

Luego, haz que el pan quede oculto nuevamente, y cuando esté en el centro de la servilleta, ejecuta un movimiento semejante al de la foto D.

5. **Una vez que todo el mundo haya visto suficiente, haz que el pan baje lentamente hasta el plato o la mesa. Introduce la mano izquierda bajo la servilleta para sostener el pan mientras retiras el tenedor, y luego, de un solo movimiento, retira la servilleta con el tenedor (que dejarás caer en tu regazo).**

Como remate, parte el pan (foto F), para mostrar que no tiene nada dentro. Lo que estás haciendo en realidad es destruir la evidencia de que la corteza fue perforada por el tenedor.

Este truco es mucho más fácil de ensayar si tienes una cámara para filmarte mientras lo ejecutas. No puedes mirarte en un espejo para ver cómo sale porque tus ojos, que deben estar fijos en el pan, son parte esencial del truco.

Parte IV
Magia de fiesta

En esta parte...

La magia espontánea y de cerca es muy satisfactoria, y quizás es la que tendrás más posibilidades de practicar. Pero en la vida también hay circunstancias que exigen trucos para grupos grandes, donde tú te conviertes en el centro de atención de una multitud. A continuación encontrarás tres capítulos con este tipo de magia; pero antes, un capítulo sobre un tema que es tema aparte: la cartomagia o magia con cartas.

Capítulo 8

¿Quieres ser el rey de la baraja?

- -

En este capítulo

▶ Encuentra la carta elegida de cuatro maneras imposibles

▶ Cómo predecir el futuro de dos maneras increíbles

▶ Encuentra los ases de tres maneras sorprendentes

▶ Una historia de amor con cartas

- -

Como cualquier actividad, la magia tiene algunos riesgos profesionales. Uno de ellos es que te encuentres a un tipo listo en una fiesta y, en medio de tu brillante función, te diga que él también conoce algunos trucos. En los siguientes 45 minutos te quedas ahí, aburrido como una ostra, mientras Godofredo el Magnífico hace un truco interminable en el que reparte toda la baraja en pilas, carta por carta, hasta terminar todo el bloque. Luego lo mismo, tres veces más. "Y ahora, ¿en qué pila está tu carta?".

Es como para morirse de aburrimiento.

La cantidad de trucos con cartas que pueden ser aburridos es vergonzosamente grande, porque la buena magia con cartas puede transportar al público a otro mundo. En manos de un experto, o incluso de un principiante que se limite a hacer trucos decentes, la magia con cartas, o *cartomagia*, puede hacer que el público se quede sin aliento.

Después de examinar cientos de miles de candidatos, permíteme presentarte unos cuantos trucos espléndidos con cartas. La gente va a hablar de estos trucos extraordinarios que van mucho más allá de "elige una carta". Y trucos que, en ninguna circunstancia, te piden que repartas toda la baraja carta por carta.

Cómo barajar sin conseguir nada

Tal vez conozcas la manera habitual de barajar: cortar el bloque por la mitad, poner las mitades frente a frente, levantar uno de los bordes y finalmente empujar las mitades para formar un solo bloque (ver foto A de la figura 8-1).

Durante los últimos diez años, mientras tú disfrutabas de películas, vacaciones y de la compañía de seres humanos, algunos magos se quedaron en casa y pasaron horas practicando cómo barajas las cartas. Estos profesionales son tan buenos que pueden hacer un barajado falso que deje todas las cartas exactamente en el orden en que comenzaron.

No tengo la intención de enseñarte algo que tardarás diez años en dominar. Sin embargo, tal vez puedas dedicar diez minutos a aprender un barajado falso que deja *una* carta en su lugar, ya sea la superior o la

Figura 8-1:
Un barajado falso implica controlar qué cartas caen primero (A) y cuáles caen al final (B)

inferior. Este barajado falso es extremadamente útil en los otros trucos de este capítulo.

1. **Divide el bloque en dos mitades y ponlas frente a frente, como si fueras a hacer un barajado normal. Recuerda qué mitad era originalmente la superior.**

   Supón que intentas mantener la carta superior en la posición superior.

2. **Comienza a barajar las cartas, soltándolas con los pulgares. Haz que las cartas finales vengan de la mitad superior de la baraja.**

   Esto no es muy difícil. Al sincronizar el barajado de modo que controles qué cartas quedan en los pulgares al final, puedes hacer que la carta superior conserve esa posición, incluso si repites el barajado varias veces. La foto B muestra esta acción.

¿Qué pasa si el objetivo es mantener la carta inferior en la misma posición? No hay problema. En el paso 2, comienza haciendo que las cartas que caigan primero vengan de la mitad que estaba originalmente en la parte inferior de la baraja (foto A).

Haz todo esto suavemente y como quien no quiere la cosa, y crearás en la mente de los espectadores la impresión psicológica de que todo el bloque se ha mezclado.

Haz lo mismo que yo

Éste es uno de esos trucos en los cuales el mago y el voluntario siguen los mismos pasos, para que luego el resultado de las manipulaciones del mago sea radicalmente diferente del resultado del espectador, idéntico, a pesar de las abrumadoras probabilidades en contra.

Para este truco que implica imitación, toma dos barajas y busca una víctima desprevenida. Pocos trucos de magia tienen un impacto tan grande con tan poca pericia por tu parte como éste.

El efecto: Tú y una voluntaria barajan cada uno un bloque de cartas con meticulosidad agobiante. Ambos eligen una carta de la mitad de la baraja. Tras partir las barajas, tú y tu voluntaria colocan tus cartas en el bloque del otro. Contra toda probabilidad, resulta que ambos han elegido la misma carta.

El secreto: El barajado y el partido son legales y la selección de las cartas de la parte media del bloque también lo es. Pero, como sabes el nombre de la carta que está en la parte inferior del bloque de tu voluntario, puedes buscar la misma carta.

1. **Pon dos barajas en la mesa. Da las instrucciones preliminares.**

   "En la mayor parte de los trucos de cartas se usa sólo una baraja. Pero eso es demasiado fácil, así que vamos a usar dos, una para ti y otra para mí. Vamos, elige una".

   Cuando tu voluntaria haya elegido un bloque, puedes continuar. "Este truco se llama 'Haz lo mismo que yo', y se llama así por una razón muy sencilla: vamos a hacer lo mismo, en estéreo. Vamos a dar cada paso exactamente igual, durante todo el truco. Comenzaremos barajando muy bien nuestros bloques de cartas. Comienza. Voy a barajar exactamente el mismo número de veces que tú".

2. **Coge el bloque que queda y barájalo al mismo tiempo que tu ayudante.**

   "¿Listo? Muy bien. Ahora vamos a intercambiar las barajas. Quiero que te quedes con la tranquilidad de que tú barajaste el bloque que yo voy a usar".

3. **Mientras entregas el bloque, memoriza la carta inferior.**

   Aunque este momento es la clave para todo el milagro, en realidad no es muy difícil, como se muestra en la foto A de la figura 8-2 (tú estás a la izquierda). Entrega el bloque a tu voluntaria, de manera que puedas ver la carta del final y, hagas lo que hagas, no olvides esa carta.

Figura 8-2:
Mientras entregas el mazo, memoriza la carta inferior. Cada uno extrae una carta (B) pero tú no haces caso de la tuya. Intercambien los mazos; su carta estará a la derecha de la tuya (C). La revelación es sorprendente (D)

¿Por qué la voluntaria no empieza a sospechar? En primer lugar, porque no sabe lo que va a pasar y en segundo lugar, está muy ocupada intentando hacer su parte del truco.

Muy bien: ya cambiaron los bloques. Y en tu cabeza estás repitiendo el nombre de la carta que viste: "4 de corazones, 4 de corazones".

4. **Dile a tu voluntaria que saque una carta de la mitad del bloque, que luego la memorice y la ponga en la parte superior del bloque, y que por último parta la baraja. Haz lo mismo.**

Puedes decir: "Aquí viene la parte interesante. Vamos a girarnos espalda contra espalda. Cada uno va a tomar una carta de la mitad del bloque y a memorizarla. ¿Listo? Bien. Todos a sus puestos".

Deben darse la espalda. Como lo prometiste, vas a sacar una carta y a mirarla (foto B). Pero mientras tu voluntaria está intentando recordar su carta, tú no haces caso de la tuya. Incluso puedes cerrar los ojos mientras la "ves", para no confundirte. Sólo sigue repitiendo: "4 de corazones, 4 de corazones".

"¿Ya has memorizado una carta y la has puesto en la parte superior? Muy bien, pero, qué coincidencia, yo también. Ahora vamos a ponernos frente a frente. ¡Cuánto tiempo sin verte!".

Pon las cartas sobre la mesa. "Ahora vamos a cortes. Ya sabes, así". Demuestra: toma la mitad de tus cartas, ponlas en la mesa en una pila y corónala con la otra media baraja que estaba en la parte inferior.

Cuando tú haces esto con tus cartas, no pasa nada importante para el truco, pero cuando la voluntaria lo hace con las suyas, sin saberlo, está poniendo la carta del fondo (la que conoces) inmediatamente encima de la carta superior (que es la que memorizó). En terminología de magos, el cuatro de corazones es tu carta clave. Todavía no sabes cuál es su carta, pero ahora está junto a una carta que sí conoces.

En realidad, si parece más convincente, tú y la voluntaria pueden cortar el bloque varias veces. Como se explica en "Cómo barajar sin conseguir nada", cortar el bloque más de una vez no separa tu carta clave de su carta escogida.

Muy bien: tu carta clave y la carta que seleccionó la voluntaria están juntas en su bloque. Tienes que hacer que te devuelva ese bloque.

5. **Intercambien las barajas una vez más. Dile a tu voluntaria que encuentre su carta en el bloque que le acabas de dar.**

"Muy bien, toma mi bloque y yo tomaré el tuyo. Quiero que encuentres tu carta en mi bloque y yo voy a encontrar mi carta en tu bloque. Cuando las encontremos, vamos a ponerlas bocabajo en la mesa".

6. **Encuentra tu carta clave en el bloque que te dio y saca la carta que está a su derecha. Ponla bocabajo sobre la mesa.**

Toma el bloque que te entregó en el paso 5. Examínalo de izquierda a derecha, como se muestra en la foto C. Estás buscando tu carta clave, el 4 de corazones. Gracias a haber cortado en el paso 4, la carta que tu voluntaria escogió está inmediatamente a la derecha de tu carta clave. Saca su carta y ponla bocabajo en la mesa.

Esfuérzate por encontrar "tu" carta antes de que ella encuentre la suya. El truco es mucho más sorprendente de esta manera; si pones tu carta en la mesa primero, descartas la posibilidad de que hayas visto la identidad de su carta cuando la estaba poniendo.

"Muy bien. Encontré mi carta. Pon la tuya junto a la mía". Cuando tu voluntaria lo haya hecho, ha llegado la hora del gran discurso final.

"Recuerda que en este truco se supone que hemos hecho exactamente lo mismo: barajamos las cartas igual, sacamos una carta igual, cortamos los bloques igual, etcétera. Si hemos hecho todo de manera idéntica, deberíamos haber elegido la misma carta. Sé que esto es casi imposible, pero tengamos fe. Vamos a girar estas cartas al mismo tiempo y vamos a ver qué ha pasado".

7. **Deja que tu voluntaria gire las cartas al mismo tiempo.**

Verdades de la magia, parte 8.
Al partir la baraja, no se consigue mucho

En el truco anterior, tal vez te preocupaste con la instrucción de cortar la baraja. Te tomaste todas esas molestias para memorizar la carta inferior y luego partes. Cuando partes, ¿no se desordena todo?

En absoluto. Si te detienes a pensar en esto (por fortuna, pocos espectadores lo hacen), al cortar una baraja no se altera gran cosa. Es verdad que en cierto modo las cartas se recolocan, pero ninguna carta se separa de las cartas que la rodean. Si dos cartas están juntas ahora, seguirán juntas después de partir. Al contrario de la operación de barajar, al partir se permite que cualquier carta le pueda decir a la que tiene al lado: "Siempre estaremos juntas".

Me dirás: "¿Pero qué pasa si se parte exactamente entre dos cartas? Entonces estarán separadas".

Eso es cierto, pero sólo logra que una ocupe la posición superior y la otra la posición inferior. Si se parte una vez más, volverán a estar juntas.

En otras palabras, si examinas la baraja (como en el paso 6 del truco anterior, "Haz lo mismo que yo") y descubres que la carta que memorizaste está en la parte inferior del bloque, sabes que se ha producido un fenómeno raro: un corte exactamente entre el par de cartas importante. Pero eso no importa. Sabes que la carta de tu voluntaria está como siempre "a la derecha" de esa carta. En este caso, en la parte superior del bloque.

Muy pocas imágenes son tan poderosas como la vista de dos cartas, elegidas al azar por dos personas de dos barajas diferentes, que al girarse sobre la mesa resultan idénticas (foto D).

El truco sin manos, confuso e imposible

Este truco es de los que me gustan: sorprendentemente fuera de lo común, casi en su totalidad operado por el espectador y tan desconcertante que ni siquiera yo sé cómo funciona.

Pero funciona. Todo lo que tienes que hacer es recordar las instrucciones que darás a tu voluntario, quien pronto estará confuso.

El efecto: Mientras tú ni siquiera estás mirando, tu voluntario baraja un bloque, memoriza una carta, gira un grupo de cartas bocarriba y luego baraja y corta el bloque una vez más. El resultado es un revoltijo: algunas cartas bocarriba, otras bocabajo. Aun así, con tus habilidades de visión psíquica puedes encontrar la carta escogida al tacto.

El secreto: Cuando lo averigües, cuéntamelo.

1. **Pide a un voluntario que baraje el bloque y luego lo divida en tres pilas casi iguales.**

   Puedes comenzar con: "¿Sabes qué es lo que me disgusta de casi todos los trucos de cartas? Que el mago mete las manos. El mago baraja. El mago sostiene las cartas. Eso no tiene mucha gracia:

obviamente, el mago está haciendo algo sin que te des cuenta".

"Quiero decir que si realmente existe la magia, entonces tú podrías manejar las cartas y yo no tendría siquiera que tocar la baraja. Así que vamos a hacerlo: toma la baraja y mézclala bien".

Cuando el espectador termine, da la siguiente instrucción. "Muy bien. Ahora divide la baraja en tres pilas, más o menos del mismo tamaño".

2. **Gírate de espaldas. Indica a tu ayudante que memorice la carta superior de una pila y luego gire la pila bocarriba entre las otras dos pilas.**

"Te voy a dar la espalda. Por supuesto, no es nada personal. No quiero me que acusen de hacer trampas. Recoge cualquiera de estas pilas y vuelve a barajarla. Luego toma la carta superior y memorízala".

Cuando lo haya hecho, continúa: "Esto te puede parecer un poco extraño, pero quiero que gires tu pila de cartas, para que quede bocarriba. Ponla encima de una de las otras pilas, así como está: bocarriba. Ahora, pon la otra pila en la parte superior, para que pongas tu pila como en un sandwich entre las otras dos".

Si te giraras, verías un sandwich de cartas como el de la foto A de la figura 8-3.

3. **Dile al voluntario que mezcle la baraja una vez y que luego la corte.**

"Lo estás haciendo muy bien. Ahora baraja, como si fuera un juego de cartas normal, con todas las cartas bocabajo".

En este punto, puedes girarte y seguir dirigiendo la acción. "Parece estar bien. Por las dudas, corta las cartas".

4. Toma la carta y muéstrale lo revueltas que están las cartas, unas bocabajo y otras bocarriba.

Éste es el momento más suculento del juego. Gira el mazo bocarriba y ábrelo en abanico para que ambos puedan ver las caras de las cartas.

"Mira esto. Todas las cartas desordenadas. ¿Cómo voy a encontrar la tuya aquí?".

Por supuesto, el mazo parece estar desordenado. Las cartas que están bocarriba y las que están bocabajo parecen estar mezcladas al azar en el bloque.

5. Busca un tramo largo e ininterrumpido de cartas que estén bocarriba.

A pesar de la apariencia desordenada y revuelta de la baraja, siempre contiene un segmento largo de cartas bocarriba (normalmente cerca del "fondo" de las cartas bocarriba, es decir, a la izquierda cuando abres la baraja de izquierda a derecha). Este tramo de cartas que buscas normalmente "da la vuelta" hasta el frente de la baraja, como en la foto B. Puede haber más de un segmento de cartas bocarriba, pero estás buscando el más largo.

En este punto, la carta escogida es la primera carta bocabajo a la izquierda de este tramo de cartas bocarriba (la punta de la flecha larga en la foto B señala esta carta). Aunque no puedas verla, sabes exactamente cuál fue la carta escogida.

Ahora, podrías llenar un capítulo con maneras teatrales de revelar una carta después de haberla identificado, pero limítate a representar esta revelación dramatizada.

6. **Extiende la baraja en una sola línea horizontal. Sostén las cartas con el antebrazo izquierdo.**

Ahora pregunta: "¿Saben qué es un contador Geiger? ¿Recuerdan uno de esos detectores de radiación que produce chasquidos? Bueno, tengo un contador Geiger para cartas. Puedo decir en qué carta está pensando nuestra voluntaria sólo por el sonido. Vean esto".

7. **Toma una carta y deslízala sobre las cartas tendidas de manera que produzca un sonido al correr sobre las cartas. Detente en la carta que está bocabajo, la escogida.**

Los mejores chasquidos se obtienen si doblas ligeramente la carta, como se muestra en la foto C. Primero desliza la carta sobre toda la fila de cartas. Luego deslízala de nuevo, en un intervalo más pequeño; sigue deslizándola y concentrándote en la carta escogida. Pon la mirada en blanco (no en las cartas) y finge concentrarte en el sonido del "contador Geiger".

8. **Finalmente, empuja la carta escogida para sacarla de la fila. Pide a la voluntaria que diga cuál era su carta y luego gírala para mostrar que acertaste.**

Si hiciste las cosas correctamente, esto hará que cualquiera que te haya visto se desmaye. Para decirlo sin rodeos, ni siquiera viste la carta escogida.

La sacaste de la fila mientras seguía bocabajo. No hay manera de hacer esto, especialmente cuando ni siguiera has trucado las cartas.

Si este truco fuera un poquito más milagroso, recibirías una llamada del Vaticano.

Ases al tacto

Bien puede ser que Lance Burton sea uno de los mejores magos vivos, y además tiene su espectáculo en su propio teatro de Las Vegas. Pero también es lo suficientemente joven como para recordar unos trucos fabulosos que no necesitan esconder maquinaria entre bastidores, baúles de acrílico y hermosas ayudantes.

Éste es uno de esos trucos. Verlo es impresionante y desentrañarlo es muy difícil. Además utiliza los cuatro ases. Por alguna razón, la aparición de los cuatro ases en los trucos de cartas parece ser el sello de toda una hazaña de la magia.

Todo lo que necesitas es una baraja, un saco con un bolsillo interior, una camisa con bolsillo en el pecho y público. Si quieres, puedes incluir una hermosa ayudante.

El efecto: Introduces el mazo barajado en el bolsillo del saco, y tan sólo con el tacto, te las arreglas para encontrar y sacar los cuatro ases, uno por uno.

El secreto: Antes de entrar en el escenario, metes los cuatro ases en el bolsillo de la camisa.

1. **Después de sacar los cuatro ases, ofrece el mazo para que lo barajen.**

   "¿Alguno de ustedes quiere saber cómo hacen los magos algunos de los mejores trucos con cartas? Se lo enseñaré. Voy a divulgar uno de los mayores secretos en la magia, pero necesito su ayuda. Quiero que barajen el mazo hasta dejarlo irreconocible".

2. **Después de barajar, abre el saco. Pide al voluntario que confirme que el bolsillo interior está vacío (foto A de la figura 8-4) y luego que ponga el mazo en ese bolsillo (foto B).**

   "Ahora quiero que examines el bolsillo interior de mi saco. Asegúrate de que no haya dobles fondos, espejos ni maquinaria hidráulica. ¿Pasa la prueba? Muy bien. Quiero que metas la baraja en el bolsillo. Ni siquiera voy a tocarla".

   Una vez que el mazo esté en el interior del bolsillo del saco, abróchatelo.

   "Éste es el gran secreto de la magia que pocas personas entienden: con suficiente formación, un

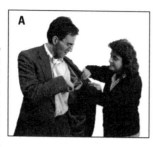

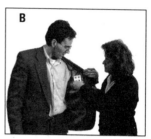

Figura 8-4: Después de que inspeccionan tu bolsillo para asegurarse de que está vacío (A), la baraja debe quedar en el bolsillo del saco (B). Finge palpar las cartas para encontrar lo que estás buscando (C). Sácalas de una en una

mago llega al punto en que puede reconocer cada carta al tacto. Ya lo han visto: el mago mete una carta en la baraja, pero de alguna manera se las arregla para encontrarla. Bueno, ya saben cómo se hace: el mago siente simplemente la tinta de la carta, buscando la textura específica de la carta escogida".

3. Mete la mano en el saco y finge que estás sintiendo las cartas (foto C).

Mientras recuperas la carta puedes decir: "Pero yo todavía no soy tan bueno, aunque he aprendido a encontrar 4 de las 52 cartas. Aquí estoy sintiendo algo... esperen... esto me parece que lo conozco... sí, creo que he encontrado una".

4. Saca la primera carta del bolsillo de tu camisa y muéstrala a los presentes.

"...Sí, esto parece... ¡un as!".

Por supuesto, como el saco está ocultando la mano, nadie sabe que en realidad estás sacando la carta del bolsillo de tu camisa.

"Ahora veamos si consigo encontrar otro".

5. Con una magnífica simulación de concentración y manipulación, saca el resto de los ases, uno por uno.

Por cierto, si esto te parece demasiado fácil o demasiado perfecto, puedes aumentar la aparente dificultad del truco sacando una carta equivocada. O sea, durante un intento, saca una carta del bolsillo del saco. Muéstrala, pide disculpas por tu error ("¡No, Dios mío! ¡Esperen un segundo!") y ponla en el bolsillo del saco antes de sacar un as, con éxito.

No te "equivoques" más de una vez. No queremos que la gente piense que estás perdiendo el sentido del tacto.

Dar los ases

He aquí un truco para hacer una secuencia perfecta con el anterior ("Ases al tacto"). Estás allí con una baraja en el bolsillo y cuatro ases en la mesa. ¿No sería maravilloso poder aprovechar esta agradable posición? Después de todo, los trucos con ases tienen un atractivo especial.

Y lo único que supera un truco con ases es uno cuya ejecución recaiga por completo en un miembro del público (como éste).

El efecto: Entregas la baraja a un voluntario, que hace cuatro pilas al azar. Le pides que gire la carta superior de cada pila... ¡y ahí están los cuatro ases!

El secreto: Los ases comienzan en la parte superior. Al repartir dos veces toda la baraja, el voluntario invierte el orden de las cartas sin saberlo, y los cuatro ases vuelven a quedar en la parte superior.

1. **Recoge los cuatro ases, ponlos en la parte superior de la baraja y haz un barajado falso dos veces mientras hablas.**

   Con barajado falso me refiero a la maniobra que aparece al principio de este capítulo, en la sección "Cómo barajar sin conseguir nada". En este caso, deja que el grupo de cartas del final vuelva a quedarse al final, mientras mezclas las dos mitades de la baraja. Quieres que los ases se queden donde están... en la parte superior.

   Esto no es tan sospechoso como parece. Nadie sabe que vas a hacer un truco con ases. Todo lo que saben es que estás preparando el mazo para otro truco.

   ¿Y qué se supone que vas a hacer si no hiciste el truco anterior? ¿Te verás obligado a abandonar este efecto de seguimiento sólo porque no llevabas puesto un saco con bolsillo?

   En absoluto. Hay muchas otras maneras de poner los ases en la parte superior del mazo. Puedes meterte en el baño al principio de la fiesta y preparar los ases en ese momento. Podrías hablar un poco mientras murmuras: "¿Están ahí las 52 cartas?", mientras recorres el mazo y deslizas cada as a la parte superior al tiempo que finges "contar" las cartas. (Por cierto, ésta es una maniobra muy usada por los magos: preparar la baraja antes de que el público se dé cuenta de que están a punto de hacer un truco.)

En cualquier caso, tu lenguaje corporal y tu actitud deberán cambiar por completo cuando estés listo para empezar a actuar. Ponte de pie, aclárate la garganta, mira hacia arriba y comienza a hablar. (Ésta es otra técnica estándar de los magos: "anunciar" que el truco está comenzando al tomar el mando de la situación, aunque el trabajo sucio ya se haya hecho.)

Puedes comenzar diciendo: "En realidad, no es tan difícil encontrar los ases. Apuesto a que tú también puedes hacerlo. No te preocupes, te voy a guiar paso a paso. Toma la baraja; tú mismo vas a hacer todo el truco".

2. **Entrega el mazo a tu voluntario. Dale instrucciones para dar las cartas, bocabajo, una a una, formando una pila. Adviértele que puede detenerse cuando quiera.**

Si leíste el principio de este capítulo, ya sabes lo que pienso respecto a los trucos que implican dar cartas. Por fortuna, éste implica dar sólo una pequeña cantidad de cartas... y el clímax lo vale.

"Comienza a poner cartas en una pila aquí. No toda la baraja, pues quisiera llegar a casa a tiempo para ver las noticias. Sólo una pequeña pila. Detente cuando quieras".

Si tu voluntario reparte 20 cartas y sigue, recuérdale amablemente que puede detenerse cuando quiera.

3. **Dale instrucciones de recoger la pila que acaba de dar y que la reparta en cuatro pilas, una carta en cada pila (foto A de la figura 8-5).**

Cuando el voluntario termine de dar las cartas por primera vez, puedes decir: "¿Ya las has colocado? Muy bien. Ahora, separa las cartas que no has repartido".

"Ahora recoge esa pila que hiciste en la mesa. Vas a repartirla en cuatro pilas: aquí, aquí, aquí y aquí". Golpea suavemente la mesa en cuatro puntos para indicar dónde (ver la foto A de la figura 8-5). "Una carta a la vez, una carta en cada pila, bum, bum, bum, bum, hasta que hayas repartido todas las cartas".

Figura 8-5: Di a tu voluntario que organice cuatro pilas (A). Disfruta del clímax del truco

4. **Haz tu discurso final y luego dile que gire la carta superior de cada pila.**

"Excelente. Tal vez no seas un todo un mago pero parecías muy seguro de ti mismo".

"Recuerda: el objeto de este ejercicio era encontrar los cuatro ases, sólo por instinto. Ahora, gira la carta superior de cada pila. Vamos a ver cómo te ha ido".

Y claro, ahí están; as, as, as, as (foto B). "Eres muy bueno. ¿Alguien quiere jugar al póquer con nosotros?".

El truco funciona porque durante la primera vez que se dieron las cartas, tu voluntario puso sin saberlo los cuatro ases en la base de la pila. (Ése es un efecto secundario de dar una pila: se invierte el orden.) Así que cuando se dieron las cartas en cuatro pilas, los cuatro ases fueron las últimas cartas que se dieron, lo que significa, naturalmente, que quedaron en la parte superior de las cuatro pilas.

El sobre, por favor

Aquí te presento otro truco insólito que es increíblemente fácil, aunque parezca imposible. No es un truco de seleccionar una carta, sino un truco para predecir una carta.

El efecto: Un voluntario baraja. Entregas un sobre sellado que contiene una predicción. El voluntario gira la carta superior... y ésta coincide con la predicción.

El secreto: Antes de comenzar el truco, escribe "3 de espadas" en un papel. También escribe la fecha de un día de la semana pasada. Pon esta predicción en un sobre normal y ciérralo. Retira el 3 de espadas de la baraja y sostenlo detrás del sobre, con la cara hacia arriba (no tiene que ser el 3 de espadas; el truco puede hacerse con la carta que quieras).

La foto A de la figura 8-6 muestra cómo sostener el sobre. ¿Te das cuenta de que no se puede ver la carta? Eso se debe a que está detrás del sobre (foto B). ¿Ingenioso, no crees?

Como todavía no has presentado el sobre, no hables de él. Sostenlo en la mano pero lejos de la acción (a tu lado, por ejemplo) hasta que llegues al paso 2.

1. **Cuando estés listo para comenzar el truco, pide al espectador que baraje las cartas.**

   "Antes de comenzar, ¿puedes barajar estas cartas? Hazlo varias veces, por favor. Gracias".

   Puedes continuar mientras el espectador baraja: "Ustedes saben que soy una persona con dones especiales. A veces me llegan imágenes del futuro. La semana pasada predije el clima correctamente más veces que la gente de la televisión. Les dije a varios amigos que sus acciones subirían y subieron. A veces me asusta un poco, pero sigo experimentando para ver con qué anticipación funcionan mis poderes de predicción. Avísame cuando termines de barajar".

2. **Cuando el voluntario haya terminado de barajar, pon el sobre encima del mazo, y la carta oculta encima de las demás.**

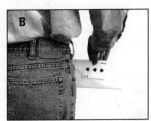
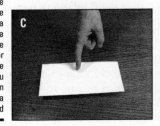

Figura 8-6: Sostienes el sobre (A) de modo que el público no pueda ver la carta oculta tras él (B). Cuando pones el sobre encima de la baraja, la carta queda en la parte superior (C), lo que hace que tu predicción (D) se vuelva realidad

Ése es todo el truco, por supuesto. Es directo, engañoso y francamente delicioso. Bajo el disfraz del sobre, acabas de poner una nueva carta encima del mazo (foto C) y nadie lo sospecha.

Mientras pones la carta y el sobre, puedes decir: "Ésta es una predicción que hice antes de que comenzáramos. De hecho, la escribí la semana pasada. Vamos, examínala. El sobre está cerrado".

MOMENTO DE DISTRACCIÓN

Le estás diciendo al espectador que se concentre en el sobre. ¡Qué crueldad! ¡Qué engaño!

3. **Pide al espectador que abra el sobre y lea la predicción.**

En realidad, el truco terminó hace mucho rato, pero tu sentido de la teatralidad mantiene viva la diversión.

"Muy bien, te voy a pedir que abras el sobre y leas la predicción que hice. Observa que no he tocado las cartas. Tú has estado a cargo de este truco desde el principio".

El voluntario abre el sobre y lee la predicción. Si estás en una función para un grupo, lo hace en voz alta. No te acerques mucho a la mesa. Mantente alejado de las cartas para que nadie te acuse después de haber manipulado la baraja, aprovechando que estabas cerca.

Después de que el voluntario haya leído la predicción, puedes decir: "Eso es sorprendente, ¿no te parece? Escribí esa predicción hace una semana, y ha sido cierta. Levanta las manos como si fueras una estrella saludando a las multitudes. Gracias, gracias, respetable público".

Todos se van a quedar mirándote como si te hubieras vuelto loco. "Esperen. He olvidado un detalle. Ustedes no sabían qué predije. Bueno, eso lo arreglamos fácilmente. Estaba prediciendo cuál sería la carta superior cuando acabaran de barajar".

"Mi predicción dice que es el 3 de espadas; sería una coincidencia espectacular que la carta superior fuera el 3 de espadas. No, no sería una coincidencia; sólo una premonición. Vamos, gira la carta y veamos".

4. Dile al voluntario que gire la carta superior.

El voluntario gira la carta y tú te anotas un éxito (foto D). Es breve, directo y totalmente imposible.

Verdades de la magia, parte 9.
La recapitulación antes del clímax

En "El sobre, por favor" (ver la sección anterior) detienes la acción en el paso 4 para hacer un discurso acerca de la imposibilidad de lo que vas a hacer. En este paso, recapitulas todo lo que ha pasado hasta el momento y recuerdas al público que, si el resultado fuera lo que predijiste, el truco se podría calificar como un milagro.

El truco sería mucho más flojo sin esta recapitulación antes del clímax y lo saben los magos de todo el mundo. Siempre que un truco implica la revelación de algo al final (una predicción que coincida, un objeto que ha cambiado o desaparecido, etc.),

un discurso como éste hace que el impacto sea mucho mayor.

¿Por qué? Porque recuerda y orienta en la dirección equivocada. La recapitulación antes del clímax subraya en la mente del público la imposibilidad de lo que vas a hacer y, mientras tanto, ayuda a olvidar los detalles que pudieran haber dado claves del secreto del truco. Este discurso también resume la acción hasta el momento, establece claramente las reglas del juego y hace que el público admita por adelantado que tu trabajo se calificará como un milagro... si logras hacerlo.

Almas gemelas

Como soy mago, voy por la vida en una búsqueda obsesiva de trucos de cartas que no sean trucos del tipo "escoge una carta". Prefiero que las cartas hagan hazañas más impresionantes, como cambiar de identidad, volar por el cuarto o hacerme la declaración sobre la Renta.

"Almas gemelas", una especialidad de nuestro conseje-ro Jon Racherbaumer, es un truco de este tipo (quiero decir, poco común, no que esté relacionado con los impuestos). Tiene una buena conversación, una es-tructura poco corriente y un clímax que nadie ha visto antes. En la jerga de los magos, este truco es un *hit*.

El efecto: Introduces dos cartas en la baraja, en posi-ciones que te indica un miembro del público. Aunque tu voluntario tiene el control total del mazo, las dos cartas se las arreglan para encontrar a su "alma ge-mela": cartas del mismo color y del mismo número.

El secreto: Las dos cartas que elegiste corresponden a las cartas inferior y superior del mazo. El resto fun-ciona por sí mismo.

1. **Pide a un miembro del público que baraje el mazo mientras hablas acerca de las almas gemelas.**

   "¿Puedes ayudarme a barajar esto, por favor?".

   Mientras lo hace, presenta el truco. Puedes co-menzar: "Creo en las almas gemelas. Creo que para cada persona que existe hay una media naranja en algún lugar de la tierra. No todos en-cuentran esa pareja. Después de todo, puede estar en Pakistán o en Australia. Pero están ahí. Puedo demostrar que incluso los objetos inanimados como las cartas tienen sus almas gemelas".

2. **Revisa la baraja. Saca las cartas de las "almas ge-melas" (las que coinciden con las cartas inferior y superior de la baraja) y ponlas sobre la mesa, bocarriba.**

Cuando digo "almas gemelas" me refiero a las cartas que coinciden en número y color. Si la carta superior del mazo es el 4 de diamantes, saca el 4 de corazones. Si es el rey de tréboles, saca el rey de espadas, y así sucesivamente. Encuentra el alma gemela de la carta superior primero y el de la carta inferior después. De esta manera, cuando las pones bocarriba en la mesa, la carta que es el alma gemela de la carta inferior está en la parte superior (ver foto A de la figura 8-7).

No hay problema con sacar estas cartas a la vista de todos. De hecho, deberías explicar que lo estás haciendo.

"Para enseñarles mi pequeña lección sobre la vida amorosa de las cartas, elijamos una pareja de amantes perdidos. Vamos a usar estos dos".

Figura 8-7:
Encuentra las cartas que coinciden con la carta inferior y la superior. Pon la carta compañera bocarriba en la pila que se repartió (B). Luego pones cada carta en la mesa con su compañera (C) y demuestras que han encontrado a su pareja (D)

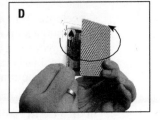

3. **Devuélvele la baraja al espectador. Pídele dar un número de cartas bocabajo, al azar, en una pila de la mesa.**

"Muy bien. Ya barajaste las cartas y yo escogí un par de cartas que son pareja. Ahora viene la búsqueda. Comienza por dar cualquier número de cartas sobre la mesa. Pocas o muchas; lo que prefieras. Detente cuando quieras. Estamos simulando la búsqueda de compañía de la primera carta entre la multitud de candidatos".

4. **Cuando el asistente termine de dar las cartas, pon la primera carta "compañera" bocarriba en la pila que se acaba de dar. Di a tu voluntario que ponga el resto de las cartas en la parte superior (foto B).**

Puedes decir: "Excelente. Voy a poner la primera carta solitaria aquí, bocarriba, para que la podamos encontrar fácilmente más tarde".

Esa primera carta "solitaria", como podrás recordar, es la pareja de la carta inferior de la baraja. Cuando el resto de la baraja se pone junto a la que está bocarriba, formas un sandwich.

5. **Dile a tu voluntario que recoja la baraja y repita la operación de dar cartas: que dé cualquier número de cartas de la parte superior del bloque.**

"Excelente. Tenemos un solitario más que está buscando a su pareja, así que repitamos el proceso. Una vez más, da cualquier número de cartas y ponlas sobre la mesa. Detente cuando los espíritus te lo indiquen".

6. **Cuando termine el segundo lote de cartas, pon la otra carta "solitaria" bocarriba sobre la pila**

que se acaba de dar. **Pídele al voluntario que ponga el resto de la baraja bocabajo encima.**

"Muy bien. Una vez más, voy a poner una carta solitaria bocarriba aquí. Ahora pon el resto de la baraja encima. Así, muy bien".

7. **Toma la baraja y ábrela en abanico para mostrarle a tu voluntario las dos cartas solitarias bocarriba. Saca cada una junto con la carta que está a su derecha y ponlas sobre la mesa.**

Cuando pones cada pareja de cartas, deja la carta "solitaria" bocarriba y la carta que está sobre ella bocabajo (foto C).

"Recuerda que tú barajaste y que tú decidiste cuándo dejar de dar cartas. Ése es el equivalente de enviar a nuestros amigos solteros al mundo de la búsqueda de pareja. Ahora, vamos a ver cómo les ha ido".

8. **Recoge el primer par de cartas. Sostenlas cara a cara, a unos dos centímetros de distancia, y gíralas de manera que el público pueda ver que son imágenes especulares (foto D).**

"Como pueden ver, este 4 de diamantes encontró su alma gemela, el 4 de corazones. Miren aquí...".

9. **Recoge el otro par de cartas. Una vez más, sostenlas frente a frente y gíralas para que puedan ver que son pareja.**

"Estas almas gemelas también se encontraron entre sí. Una pareja perfecta, a pesar de todos los obstáculos que se han encontrado".

Sería difícil imaginar un truco más sencillo, más dulce y más alucinante.

También sería difícil imaginar un truco que sea más eficaz para levantar el ánimo de los solterones que haya entre tus amigos.

La prueba de formar una palabra con cartas y números

El mundo de la magia hierve de trucos que implican *formar una palabra* mientras se dan cartas, una letra por carta, y llegar a una carta previamente elegida con la última letra de la palabra. Es un poco extraño, un poco diferente; al público lo deja boquiabierto.

Aquí hay un truco de ese tipo, y tiene un efecto poderoso y fuera de lo común; en él, tu voluntario piensa en una carta en lugar de tocarla.

Este efecto funcionará a la perfección con cualquiera que tenga un nombre entre 10 y 15 letras. Este requisito deja fuera a personas como Ana Pérez e Iván Díaz; para esas personas, ofrezco un truco alternativo.

El efecto: Un voluntario piensa en un número entre el uno y el diez. Le vas mostrando cartas en sucesión, una a una, y le dices que memorice la carta correspondiente al número que pensó. Lo sorprendente es que, cuando cuentas las cartas mientras deletreas el nombre de tu voluntario, la carta memorizada en silencio aparece en el momento de la letra final del nombre.

El secreto: El truco funciona por algún principio matemático que es demasiado largo de explicar aquí. Por ahora, basta con garantizar que todo esto funciona y es apabullante para cualquier público que esté esperando un truco de cartas cualquiera.

1. **Pídele a tu voluntario que piense en un número del uno al diez.**

   "Quiero mostrarte un truco que se hace con cartas, pero en realidad no se trata de cartas", puedes decir. "En realidad es sobre ti. De hecho, sólo puede funcionar si lo hago para ti; lo que tenemos aquí es un truco de cartas hecho sobre medidas. Veamos… Baraja estas cartas y luego piensa en un número del uno al diez. Recuerda ese número".

   El paso de barajar es opcional, pero hace que casi cualquier truco de cartas sea aún más sorprendente.

2. **Dile que quite ese número de cartas del mazo (de cualquier parte) y las oculte.**

   "Ese número que estás pensando es importante en mi pequeña demostración. Quiero reforzarlo, pidiéndote que tomes de la baraja ese número de cartas. Sácalas de donde quieras: de la parte de arriba, la central, de cualquier parte. Hazlo escondiendo las manos tras tu espalda o en cualquier parte que yo no pueda ver. No me dejes ver cuántas has sacado. Guárdatelas en el bolsillo o escóndelas".

3. **Toma la baraja. Empieza a mostrar una carta a la vez, tomándolas de la parte superior del mazo. Dile a tu voluntario que memorice la carta que corresponda en posición a su número. Sigue adelante hasta que hayas dado una carta menos**

que el número de letras que hay en el nombre de tu voluntario.

Para este truco tienes que aprenderte una historia, pero las instrucciones son cruciales. Puedes decir: "Muy bien. Aquí es donde la cosa se pone interesante. Dame la baraja. Gracias. Te voy a mostrar las cartas, una cada vez. Cuando llegue al número que estás pensando, memoriza esa carta. Así, si estás pensando en el número tres, memoriza la tercera carta. Todo según el número que estás pensando".

"Pero cualquier cosa que hagas, no me des a entender que he llegado a tu número. No parpadees, no sudes, no dejes que las pupilas se dilaten. Deja que yo siga y tú sigue acordándote de tu carta. ¿Crees que puedes hacerlo?".

Según lo prometido, vas a tomar una carta cada vez de la parte superior de la baraja, vas a sostenerla frente a tu espectador y luego vas a colocarla en una pequeña pila en la mesa (como se ve en la foto A de la figura 8-8). Lo creas o no, este proceso es la clave del truco: cuando estás mostrando estas cartas, en realidad estás invirtiendo el orden.

"Muy bien, allá vamos. Ni siquiera estoy mirando las cartas. Este truco se genera en tu cabeza". (No mires las cartas; aparta la mirada, como si temieras ver algo.)

"Allá vamos. Uno. Dos. Tres. Cuatro. Cinco...". Ahora, si tu amigo es uno de los elegidos (una persona con un nombre de 10 a 15 letras), deberás saber cuántas letras tiene. Para llegar a ese número, tal vez tengas que hacer un poco de malabarismo: puedes usar el nombre con el apellido o sólo

Figura 8-8:
Muestra
cada carta a
tu voluntario
(A). Luego,
revelarás la
carta pensada
al azar (B)

el apellido, o el nombre de la compañía, o lo que
sea. O elegir un voluntario diferente. Si el nombre
es Elvira Lindo (11 letras), detente cuando digas
"diez". Si es Victoria Abril (13 letras), detente
cuando llegues a 12.

Cuando hayas terminado de contar, detente y mira
a tu voluntario.

"Bien. Supongo que ya he pasado tu número. ¿Te
has fijado en la carta correspondiente? No la olvides. De ahora en adelante, esa carta es lo más
importante".

4. **Pon la pila de cartas que diste (que ahora está
   en la mesa) en la parte superior del mazo. Haz
   un barajado falso.**

Con *barajado falso* me refiero a barajar de manera
que el lote de cartas superior cae al final, sin alterar su orden, como lo describí en "Cómo barajar

sin conseguir nada" al principio de este capítulo. (Este paso es opcional, pero es un truco psicológico muy bueno.)

"Muy bien. Ahora que tienes una carta en mente, el número que tienes en la cabeza ya no es importante. ¿Me puedes dar las cartas que sacaste de la baraja hace un momento?".

5. **Pon las cartas del voluntario en la parte superior de la baraja.**

   Puedes decir: "Aquí es cuando la cosa se pone buena. Como dije antes, éste no es un truco de cartas genérico. Está hecho para ejecutarse a tu medida. Te lo demostraré. Voy a deletrear tu nombre mientras damos las cartas".

6. **Da las cartas mientras deletreas el nombre del voluntario. Antes de revelar la carta final, pide el nombre de la carta memorizada y luego gira la última carta para que quede bocarriba.**

   Di cada letra mientras das una carta de la parte superior del mazo y la pones en la mesa, todas bocabajo. "M. I. C. K. E. Y. M. O. U. S...".

Ahora detente. Toma la carta final y sostenla aparte de la baraja, todavía bocabajo (foto B). "Muy bien. Ahora dime, fuerte y claro: ¿cuál era la carta en la que has pensado?" (Tiene mucho más efecto pedir que se nombre la carta antes de revelarla que mostrar la carta y preguntar sin mucha convicción "¿Era ésta tu carta?". Hazlo como te lo digo y todo el público recibirá el impacto a la vez, y no sólo tu voluntario.)

Después de que tu voluntario nombre la carta, gira la carta de la última letra; hazlo lentamente y con suspense (foto B).

"¡E!".

Muy bien. ¿Qué haces cuando tu amigo se llama Juan Paz o Vidiadhar Surajprasad Naipaul? Esos nombres no tienen entre 10 y 15 letras.

En esos casos, aquí te mostramos un final alternativo. En el paso 3, da diez cartas. El resto del truco se mantiene igual (excepto, por supuesto, el haber afirmado que es "un truco a medida"), hasta el gran final en el paso 6.

En lugar de deletrear el nombre de tu ayudante, dale la baraja. Dile que anuncie el nombre de cada carta mientras la gira desde la parte superior del bloque. Pero dile que mienta cuando llegue a su propia carta; que sustituya su nombre con el nombre de alguna otra carta. Explica que después de muchos años de práctica, puedes distinguir la tensión de la voz cuando una persona miente. Haz hincapié en que su voz no deberá titubear, hacerse más fuerte ni sonar tensa cuando mienta y diga el nombre de su carta. Que siga dando las cartas y continúe.

Date la vuelta y dile que comience. Por supuesto, no estás escuchando los nombres de las cartas. En lugar de eso, estás contando hasta 11. La undécima carta es la que tu voluntario tiene en mente.

Después de que tu voluntario haya seguido una carta o dos después de la 11, detén a tu voluntario. "Espera un momento. Me parece que mentiste hace un par de cartas. Creo que estabas mintiendo sobre el rey de espadas" (o lo que tu voluntario haya dicho).

Tu voluntario lo aceptará humildemente; a menos, claro, que esté mintiendo.

La lección de barajado

Este efecto, concebido por el consejero de nuestro panteón Chad Long, es alucinante. Tiene un clímax doble: parte de la premisa de "haz lo mismo que yo" y llega a una conclusión que deja a los espectadores pensando que fue el voluntario que te ayudó quien hizo la magia.

Este truco requiere que tengas habilidad manual. No es algo que requiera años de entrenamiento, pero tendrás que practicar hasta que lo hagas de manera fluida y segura. No pases por alto este truco sólo porque hay una maniobra que debe pasar desapercibida para el público; algunas de las mejores cosas en la vida sólo se logran con esfuerzo (como el dominio de los malabarismos, los cupones de premio en tarjetas de fidelidad y los coches de lujo).

El efecto: Le cuentas al público un cuento sobre cómo los magos no nacen sabiendo barajar; en realidad, deben adquirir esta habilidad. De hecho, los magos empiezan con maniobras de barajar muy sencillas (y guías a un voluntario por varias que son fáciles).

Luego cuentas que después de varios años un mago logra tal habilidad que puede manipular cartas incluso cuando se supone que han sido barajadas. Lo demuestras girando las cartas superiores de cuatro

pilas que hiciste, y todas son reyes. Eso es sorprendente, pero el público se queda sin habla cuando la
voluntaria gira sus cartas y todas son ases.

El secreto: Antes de que comiences el truco, pon los
cuatro reyes en la parte inferior de la baraja, y los
cuatro ases en la parte superior. Haz esta maniobra
en un momento en el que nadie preste atención, o
con la disculpa de retirar los comodines, o mientras
finges revisar que la baraja está completa. Como en
otros trucos, tu lenguaje corporal y la incapacidad
de participar en la conversación dan a entender a la
gente que no estás haciendo un truco. Luego, cuando
te aclaras la garganta, te pones de pie y comienzas a
hablar en voz alta, la gente sí que empieza a prestarte
atención.

1. **Haz uno o dos barajados falsos.**

   El barajado falso se describe en la sección "Cómo
   barajar sin conseguir nada", al principio de este
   capítulo. En este caso, baraja para que todos los
   reyes caigan primero y los ases al final; hazlo
   lentamente si tienes problemas para mantener el
   control. En otras palabras, no arruines el orden de
   las cartas superiores o inferiores al barajar.

   No se te ocurra decir: "Por favor, miren cómo ba-
   rajo". Todo esto deberá ser informal, cómodo y
   automático, como si tú siempre barajaras las cartas
   antes de comenzar un truco.

   Lo que puedes decir es: "¿Se han fijado en que
   los magos barajamos frecuentemente? Pero como
   ustedes saben, los magos no nacemos sabiendo
   barajar. Tenemos que practicar. Comenzamos de
   jóvenes. Les voy a hacer una demostración".

2. **Entrega la mitad superior del mazo a tu especta-dora.**

"Por favor, sostén estas cartas un segundo". Te quedas con la mitad inferior en las manos, con los reyes en la base.

"Como pueden ver, hay toda clase de maneras de mezclar una baraja. Para la mayor parte de ellas, se necesitan años de aprendizaje".

3. **Mientras hablas, abre en abanico la parte infe-rior del bloque, apenas lo suficiente para que puedas ver el reverso de las cuatro cartas de abajo y prepárate para quitarlas con la mano izquierda.**

Ésa es la parte difícil de la que te hablé. Puedes echar una ojeada a las manos, pero no te quedes mirando; tienes que hacerlo rápido. La foto A de la figura 8-9 muestra este proceso desde tu ángulo.

"Hay una manera habitual de cortar, así...".

4. **Saca las cuatro cartas contadas con la mano izquierda y déjalas caer en la parte superior de la baraja.**

Si te abres camino sin dificultad en el siguiente paso, nadie sospechará que has preparado todo el truco. Toda la maniobra anterior era para poner tus cuatro cartas secretas en la parte superior del mazo, de la misma manera que los ases de la es-pectadora están en la parte superior del suyo.

"También está el barajado tradicional, que es así".

5. **Haz un barajado falso con tu pila de cartas, man-teniendo las cartas superiores intactas.**

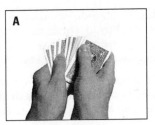

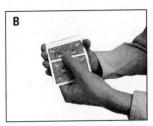

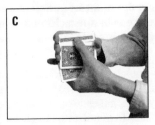

Figura 8-9: Mientras hablas, sacas las cuatro cartas del fondo (A). La primera lección implica sacar las cartas una a una con la mano derecha (B), y luego grupos más grandes de la mitad (D) y ponerlos en la parte superior. Finalmente, haces cuatro pilas y das las cartas sobre ellas (E), preparándote para el gran final (F)

Aquí debes tener cuidado de conservar las cartas superiores en su lugar, con el barajado descrito en la sección "Cómo barajar sin conseguir nada", al principio de este capítulo.

Hasta el momento, la voluntaria no ha hecho nada más que mirar. Ahora ha llegado el momento de que se ponga en acción.

"Pero también están los métodos avanzados.
Cuando los magos son muy jóvenes, comienzan
con cosas muy, pero que muy sencillas. Aquí te
mostraré por lo que pasamos. Sujeta la baraja así".

Demuestra: sostén la baraja en la mano derecha,
con la cara de las cartas contra la palma de tu
mano derecha, como se muestra en la foto B.

6. **Con el pulgar izquierdo, desliza hacia la mano
   izquierda una carta del montón que tienes en la
   mano derecha. Repite esta operación hasta que
   hayas sacado cinco o seis cartas de esta manera
   (foto B).**

"Cuando tenemos unos tres años, hacemos este barajado para bebés. Vamos, haz esto conmigo. Una
carta a la vez. Muy bien, así es. Comenzamos con
las cosas fáciles. Cuando avanzamos más, sacamos
grupos de cartas más grandes a la vez. Muy bien".

7. **Con el pulgar izquierdo, arrastra grupos de más
   cartas (foto C). Termina dejando las cartas restantes de la mano derecha sobre la parte superior del mazo en la mano izquierda.**

En otras palabras, después de haber sacado cinco o
seis cartas en el paso 6, tú y tu voluntaria continua-
rán exactamente con el mismo movimiento, pero
sacas grupos de cartas en lugar de ir una a una.

"Y dejamos caer el resto del mazo en la parte
superior, así. Muy bien. Lo estás haciendo muy
bien. Eres un prodigio para esto. Vamos a pasar al
siguiente tipo de barajado: cortar al centro".

8. **Abre las cartas en abanico. Saca el tercio central
   (foto D) y déjalo caer en la parte superior de la
   baraja. Repite el procedimiento.**

Asegúrate de que tu voluntaria haga esta maniobra junto contigo.

"*Partir al centro* es cuando sacas un montón de cartas de la parte media, así, y las dejas caer en la parte superior. Así es. Muy bien. En los casinos de Las Vegas usan este tipo de barajado porque altera toda clase de orden preestablecido".

9. **Saca un puñado de cartas y déjalas caer sobre la mesa. Repite esto tres veces, así que acabarás con una fila de cuatro pilas y unas cartas sobrantes en la mano.**

"Caramba, sí que tienes talento para esto. Creo que estás lista para que te enseñe el *mezclador de pilas*. Toma unas cuantas cartas de la parte superior, así, y déjalas caer sobre la mesa para formar una pequeña pila. Hazlo otra vez para formar una segunda pila, así está bien, y una tercera y una cuarta". La mesa se deberá ver como en la foto E.

10. **Reparte el resto de las cartas en las cuatro pilas: una carta en la pila 1, la siguiente en la pila 2, y así sucesivamente hasta agotar todas las cartas (foto E). Dile a tu voluntaria que haga lo mismo.**

"Luego reparte las cartas entre las cuatro pilas, una por una, hasta que se acaben. Esto se llama *barajado por distribución*, y también *barajar al repartir*".

(*Nota*: No uses esta conversación al hacer este truco ante magos, pues estos términos no son reales. Pero suenan bien, ¿no te parece?".)

"Con los años, los magos nos hacemos cada vez mejores en las diversas maneras de barajar. Finalmente, llegamos al punto en que podemos manipular las cartas mientras barajamos. ¿Lo ves? Incluso con todas las mezclas que hicimos, me las he arreglado para acabar con...".

11. **Gira las cartas superiores de las cuatro pilas. Luego, pídele a la voluntaria que gire las cartas superiores de sus pilas.**

"Rey, rey, rey, rey. Por supuesto, tengo años de práctica... Vamos a ver cómo te ha ido. ¡Dios santo! Cuatro ases".

Deja que la sensación de asombro cunda mientras se desarrolla la escena (foto F). Después de todo, las cartas han estado en sus manos todo el tiempo.

Puedes decir de manera acusadora: "¿Has estado yendo a clase en la escuela de magos sin decírnoslo?".

Prestidigitación con los pies

Hay trucos para restaurantes y hay trucos de cartas. Éste es un truco de cartas que se puede hacer en un restaurante. Tus amigos no lo olvidarán fácilmente, pues resulta divertido, extraño y enigmático.

Éste es un nuevo giro de una vieja idea (lee el recuadro "Verdades de la magia, parte 10. Al fin de cuentas, ¿de quién es el truco?"), propuesto por el miembro del panteón de consejeros Jamy Ian Swiss, uno de los magos de cartomagia más grandes del mundo.

El efecto: Anuncias que te has vuelto un experto en la prestidigitación con los pies. Si tu voluntaria puede tomar una carta con el pie, tú la encontrarás de la misma manera.

Tras quitarse zapatos y calcetines, un espectador toma una carta del bloque con los pies. Después de volver a poner la carta en su lugar, das un empujón a la baraja con el pie y, de alguna manera, te las arreglas para partir directamente en la carta elegida.

El secreto: Mientras apuntas a la baraja e indicas que la voluntaria deberá volver a poner las cartas, dejas caer unos cuantos granos de sal (que te pusiste anteriormente en la punta del dedo) sobre la carta superior del mazo. Los granos de sal hacen que la mitad superior del mazo ruede prácticamente por sí misma.

Antes de empezar, sólo hay un paso previo: ponte unos granos de sal en la punta del dedo. Antes del truco, por ejemplo, pon un poco de sal en la comida y asegúrate de que un poco de la sal caiga en el borde del plato. Para que la sal se adhiera a la punta del dedo, oprime el dedo con firmeza sobre los granos de sal.

1. **Pídele a tu voluntaria que baraje.**

   Puedes comenzar diciendo: "Todo el mundo habla de la prestidigitación. Prestidigitación por aquí, prestidigitación por allá. Pero siempre con las manos. ¿No saben que no sólo tenemos dedos en las manos?".

   Entrega la bajara a tu voluntaria. "Por favor, baraja estas cartas, ¿quieres?".

Mientras, continúa. "Quiero decir, ¿por qué los magos no hacen prestidigitación con los pies? Me parece igualmente legítimo. Vamos a hacer algo así. Te propongo una prueba: si puedes escoger una carta usando los pies, yo la encuentro también con los pies. De hecho, ni siquiera voy a tocar la baraja con las manos ¿de acuerdo?".

2. Pídele a la voluntaria que distribuya las cartas en el suelo, bocabajo.

"Como no puedo usar las manos, voy a tener que pedirte que distribuyas las cartas en el suelo, en forma de arco. Así está bien.

"Me temo que para la siguiente parte vas a necesitar un poco de destreza con los pies... Te tendrás que quitar los zapatos y los calcetines".

3. Pídele a tu voluntaria que seleccione una carta, usando sólo los dedos de los pies (foto A de la figura 8-10).

Sólo unos cuantos voluntarios pueden recoger una carta con un pie; la mayoría necesitan los dos, como se muestra en la foto A. (Alternativamente, podrías pedirle a tu voluntario que use el pie para empujar una carta, que luego puede recoger con la mano.)

"Muy bien, sigue como hasta ahora. Escoge una carta, cualquiera, pero usa sólo los dedos de los pies. Sí, sé que es difícil, pero piensa que al menos no te he pedido que barajaras con los pies".

"¿Ya la tienes? No dejes que la vea. Los demás sí, pero yo no".

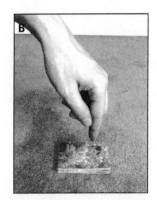

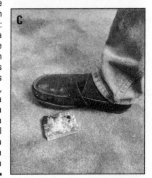

Figura 8-10:
Tu voluntaria se mueve con torpeza (A). Toma este consejo con un grano de sal: apunta para mostrar dónde se deberán poner las cartas partidas (B). Luego, con mucha delicadeza (C), golpea la baraja con el pie (D) para partir en la carta elegida

4. **Dile a tu voluntaria que coloque la baraja en una pila, que levante la mitad superior y que ponga la carta elegida sobre la mitad inferior.**

"¿Todos han visto la carta? Muy bien, ahora coloca las cartas en una pila, con las manos si quieres. Muy bien. Excelente. Ahora levanta la mitad de la baraja y pon la carta en el punto de partida".

Mientras dices esto, apunta a la mitad del mazo que permanece en el suelo.

5. **Cuando la carta esté puesta sobre la pila, apunta al montón que está en el suelo, y mientras lo haces, arréglatelas para que caigan allí los granos de sal que tienes en el dedo.**

En realidad, no tienes que tocar las cartas que están en el suelo; sólo deja que la mano esté sobre ellas. Al extender el índice para que puedas apuntar hacia abajo, frótalo contra el pulgar y suelta parte de la sal, de manera que caiga directamente sobre la pila y, por lo tanto, directamente sobre la carta elegida. La foto B muestra este momento.

Éste es el momento de la verdad, la parte que ensayaste en casa. Hiciste la operación de soltar la sal hasta saber exactamente cuánta necesitas (más de cinco granos, pero menos de cincuenta). Practicaste esto hasta poder soltar la sal de manera uniforme y natural al apuntar.

Mientras apuntas, termina las instrucciones para el espectador: "Y ahora, pon el resto de las cartas en la parte superior. Así es: hay que poner la carta para que quede en medio del mazo y no sea posible encontrarla fácilmente".

6. **Anuncia que encontrarás la carta con tu pie.**

"Muy bien. Ahora viene la parte difícil. Aquí es donde hago la prestidigitación con los pies. Permítanme que me quite el zapato y el calcetín". Comienza a quitarte el zapato y luego interrumpe el paso. "Olvídenlo. Vamos a terminar. Aquí vamos: el truco de prestidigitación con el pie completamente vestido".

Verdades de la magia, parte 10.
Al fin de cuentas, ¿de quién es el truco?

Muchos magos piensan que la prestidigitación con el pie, que se describe en este capítulo, se ha hecho "desde siempre", sin una fecha de origen clara, como las adivinanzas, la receta de la vinagreta o los noticieros de la radio.

De hecho, este truco fue concebido por un mago llamado Herbert Milton, quien lo comercializó en la segunda década del siglo xx, en un folleto que se vendía por la entonces astronómica suma de 25 dólares.

Desde entonces, la idea de la prestidigitación con los pies ha circulado y se ha reimpreso en diversos libros de magia.

Aunque muchos magos en la actualidad ejecutan el truco de la prestidigitación con los pies, en realidad, no están haciendo el mismo truco. El miembro del panteón de consejeros Billy McComb no golpea la baraja con el pie sino con un palo de golf y utiliza arena en vez de sal.

En otras versiones del truco, pones sal en la carta que está debajo de la carta elegida, en lugar de sobre la carta elegida. Jamy Ian Swiss agregó el divertido paso de pedir al voluntario que se quitara los zapatos y calcetines (pero también puede hacerse estando calzado).

Como apunta Jamy, este truco es una ilustración perfecta de que la magia es un acto de interpretación: "No tienes que ser un gran inventor para ser un gran mago, al igual que la mayor parte de los cantantes de pop no son grandes compositores. Lo que importa es la impresión que dejas, el estilo que aportas al truco, la personalidad que le das, y no sólo el truco en sí".

Mientras ves trabajar a otros magos, piensa en esto: no se trata sólo de "lo bueno que es este truco", sino de "lo bueno que es este mago".

7. Da un empujón a la baraja con el lateral del zapato. Revela la carta que queda al cortar.

Cuando empujas muy suavemente la baraja, ésta se separa en ese punto, gracias a que los granos de sal actúan como rodamiento (fotos C y D).

Por cierto, ésta es una de esas operaciones en las que cada vez es la primera vez. Las cartas brillantes y resbaladizas se separan obedientemente en la división con sal; las cartas más viejas y desgastadas no lo hacen. Una patada suave no es suficiente para mover la mitad superior de la baraja, pero una patada muy fuerte esparcirá las cartas en el suelo, lo que hará imposible identificar la carta que estás buscando. La práctica hace al maestro (junto con el uso de la baraja correcta).

"Muy bien, ya he cortado la baraja con mi habitual elegancia. Veamos si lo he hecho bien. Ahora dime, fuerte y claro: ¿cuál fue la carta que escogiste con los pies?".

Después de que se nombra la carta, gira de manera triunfante la carta superior de la pila inferior en el suelo, para que todos puedan ver que cortaste con el pie en la carta correcta.

"Muy bien, ahora quítense todos los zapatos. Vamos a jugar al póquer con los pies".

La baraja del futuro

Este truco presupone un enorme sacrificio por tu parte, mayor incluso que el hambre, el cansancio y los callos en los meñiques que producen horas y horas de práctica. Para este truco, tendrás que sacrificar una baraja y un rotulador con punta de fieltro, dos artículos útiles que quedarán inutilizados por prestar un servicio a tu arte. Esperaré mientras reflexionas sobre si esto vale la pena.

¿Quieres seguir adelante? Eso me encanta porque este truco, una colaboración de Mike Maxwell, uno de los consejeros de nuestro panteón, está entre los mejores usos que les puedes dar a 52 rectángulos de cartulina.

El efecto: Escribes una predicción (con rotulador permanente) en una carta, que pones en un sobre vacío. Invitas al espectador a elegir una carta cualquiera y también la pones en el sobre.

Eso es todo. Cuando el espectador saca las dos cartas del sobre, lo que escribes predice correctamente la carta elegida.

El secreto: Antes tienes que haber escrito "10 de tréboles" en cada carta. Cuando escribes tu predicción, la escribes con una pluma seca, de modo que no deje una marca en la carta, y "escribes" tu predicción en el verdadero 10 de tréboles. La carta que el espectador elige de la baraja es tu carta de "predicción", no la que está en el sobre. El sobre hace que sea imposible para el público darse cuenta de que las cartas se han intercambiado.

Esto no tiene mucho sentido cuando lo leo. Tendrás que confiar en mí y continuar con la lectura.

Toma un rotulador de punta de fieltro, respira hondo, relájate y escribe "10 de tréboles" en el borde superior derecho de cada carta de la baraja, excepto en el 10 de tréboles y en otra carta al azar (en este ejemplo, digamos que la otra superviviente es la reina de diamantes).

Luego, destapa el rotulador y déjalo en la ventana unos días. Con esto, el marcador se secará hasta el punto de no poder escribir.

Ésta es la parte del sacrificio; no podrás usar jamás esta baraja para ningún otro truco, excepto para éste. Tal vez el truco no se debería llamar "la baraja del futuro": en realidad, es "la baraja sin futuro".

Cuando acabes de escribir, pon la reina de diamantes sin marcar en la parte inferior de la baraja y el diez de tréboles aproximadamente en el centro.

Ahora examina tu obra: si abres las cartas de derecha a izquierda mientras las ves, el rótulo aparece en el borde de cada carta (mira la foto A de la figura 8-11), pero si abres las cartas de la manera que se vea más natural (de izquierda a derecha, como en la foto B), no puedes ver los rótulos. Ahora puedes ver por qué dejaste la reina sin marcar (para cubrir la cara del mazo).

El hecho de que puedas mostrar las cartas de esta manera es muy práctico. Puedes barajar las cartas (asegúrate de que la carta del fondo caiga primero, tal como se ha descrito al principio de este capítulo), abrirlas en abanico de izquierda a derecha, y por lo demás, manipularlas normalmente. Sin embargo, hay tres cosas que no puedes hacer:

✔ No puedes dejar que el espectador manipule las cartas.

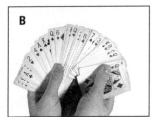

Figura 8-11: Abre las cartas en abanico en el sentido incorrecto (A) y podrás ver el rótulo de cada una. Despliégalas normalmente (B) y las cartas se verán perfectamente normales. Eso facilita que no escribas nada en el 10 de tréboles, da al voluntario una oportunidad de elegir (D) y tienes tu predicción correcta (E)

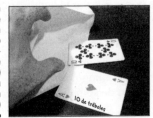

✔ No puedes girar una carta 180 grados, porque entonces el rótulo estaría en el lado izquierdo de algunas cartas y en el derecho de otras.

✔ No puedes juzgar un libro por su portada.

1. **Baraja tu baraja especial mientras presentas el truco.**

Recuerda barajar de la manera especial descrita al principio de este capítulo, para que la reina de corazones permanezca al fondo. Asegúrate de tener presente cuál es el lado rotulado mientras barajas, de manera que los rótulos siempre estén del lado derecho.

Puedes decir: "En un congreso de magos que hubo el mes pasado, conocí a un colega que realmente me asustó. Este hombre estaba en el límite entre la ciencia y los trucos de magia. Estaba experimentando con la presión psicológica. Quiero decir que estaba tratando de influir en la conducta de su público mediante la fuerza de la personalidad".

2. **Abre el mazo de izquierda a derecha, bocarriba, para que tu voluntario pueda ver las cartas.**

"Vamos a hacer un truco de cartas. Esta persona dijo que yo podría hacerte escoger la carta que yo quisiera. También debería poder escribir el nombre de la carta que vas a escoger, antes de que la escojas".

3. **Cierra la baraja y destapa tu marcador.**

"Me muero por saber si aquel mago acertaba. ¿Quieres hacer un truco conmigo? Muy bien. Agradezco tu disposición de someterte al control mental".

4. **Mientras sostienes la baraja para que nadie pueda verla, encuentra el 10 de tréboles. Sácalo y ponlo en la parte inferior del bloque.**

En realidad, puedes ponerlo de manera que nadie pueda verlo (por ejemplo, en la palma de la mano), pero la baraja proporciona una superficie sólida para el rótulo que vas a escribir.

"Para ayudar a reforzar mi predicción, voy a escribir el nombre de la carta que vas a escoger sobre otra carta. Con tinta permanente. Este método deja una profunda impresión mental, aunque tal vez no sientas nada. Muy bien, déjame escribir mi predicción...".

5. Escribe "10 de tréboles" en el borde de tu 10 de tréboles (foto C).

Por supuesto, tu rotulador está completamente seco. En realidad, no vas a dejar una marca; estás fingiendo. Pero como estás teniendo cuidado de mantener oculta la cara de la carta, nadie puede darse cuenta de que el rotulador no escribe.

"Muy bien". Tapa el rotulador y guárdatelo en el bolsillo. "Voy a poner mi predicción aquí, en este sobre, donde nadie pueda alterarla".

6. Muestra el sobre vacío y luego desliza el 10 de tréboles en él.

Puedes usar casi cualquier recipiente opaco en lugar del sobre: una caja de zapatos, un sombrero, un zapato y así sucesivamente. El único requisito es que el recipiente impida que alguien observe el orden en que entran las cartas; vas a poner dos cartas juntas y quieres una razón plausible para que se confundan.

Por ejemplo, no funcionaría pedirle a tu voluntario que pusiera las cartas en su bolsillo, pues recordaría el orden en que entraron.

Tampoco funcionaría poner las cartas en tu propio bolsillo, aunque por una razón muy diferente: esta vez, los escépticos de tu público supondrían que hiciste un intercambio de cartas dentro de tu bolsillo. Es mucho mejor mantener las cosas a la vista del todo el mundo, en un recipiente.

7. **Distribuye las cartas a lo ancho de la mesa, boca-bajo. Invita a tu voluntario a empujar una carta (bocabajo), y sacarla de la alineación (foto D).**

"Aquí es donde entra en juego la influencia psicológica. Quedan 51 cartas. Quiero que elijas una carta (no pienses mucho en eso, sólo pon el dedo en una carta que parezca que te está llamando y empújala para sacarla de la fila)".

8. **De manera deliberada y abierta, pon la carta elegida bocabajo en el sobre.**

"¿Esta carta? Muy bien. También entra en el sobre a prueba de alteraciones".

Todo lo que queda por hacer es un breve discurso que resuma la imposibilidad del resultado y aleje la mente del público del posible papel del sobre, sombrero, caja o zapato.

"Eso es; ya hemos acabado nuestro experimento, puedes poner el cerebro a descansar. Recuerda: yo escribí el nombre de la carta que quería que seleccionaras. Pudiste haber elegido cualquiera de estas cartas".

9. **Recoge el mazo, gíralo bocarriba y extiende las cartas en una línea en la mesa; por supuesto, de izquierda a derecha.**

Como has estado abriendo de izquierda a derecha, por supuesto, el rótulo en el borde de las cartas no es visible. Este pedacito de manipulación psicológica que consiste en mostrar al público que la baraja es normal, es un punto fuerte clave de este truco.

Sin embargo, debes tener cuidado, como siempre, de mantener las cartas en su orientación original, para que los rótulos se mantengan ocultos. En el proceso de extender las cartas sobre la mesa en el paso 7 y luego juntarlas y volverlas a desplegar en este paso, no debes girar el mazo inadvertidamente porque se verían los rótulos en los cincuenta bordes.

10. **Pídele al voluntario que extraiga el contenido del sobre y lo ponga en la mesa.**

"Por favor, saca lo que hay en el sobre. ¡Me muero de ganas de ver cómo nos ha ido!".

Como se muestra en la foto E, lo hiciste muy bien: tu predicción, escrita en el borde de una carta, es igual a la carta que no tiene rótulo. Te digo que esto es francamente increíble.

De lo que el público no se da cuenta, por supuesto, es que las cartas que entraron en el sobre se intercambiaron: la que tiene el rótulo en ella entró después, y el 10 de tréboles entró primero.

Sólo una cosa podría arruinar la perfección de este truco: que alguien te viera hacerlo otra vez. Se van a preguntar por qué la carta que sale siempre es el diez de tréboles.

Si esto te preocupa, siempre puedes hacer varias barajas, usando una carta forzada diferente cada vez. Eso sí sería un sacrificio.

Sueña una carta, cualquier carta

La belleza de este truco, como señala el miembro del panteón de consejeros Daryl, es que nunca tocas las cartas. (No estoy omitiendo el apellido de Daryl. Se llama Daryl, a secas, igual que Cher, Madonna o Shakira, excepto que no canta.) Produce un efecto asombroso que puede fundir el cerebro de los espectadores si se ponen a pensarlo demasiado.

El efecto: Comentas que la noche anterior soñaste con una carta. Una voz en el sueño repetía: "número y palo... número y palo...".

Para entender este sueño, le pides a un voluntario que abra las cartas en abanico frente a ti, para que puedas indicar qué carta estaba en tu sueño. El voluntario quita esa carta y la pone bocabajo en la mesa.

Ahora el voluntario reparte la baraja en dos pilas y gira la carta superior de cada pila. "Número y palo... número y palo". Claro, el número de una carta y el palo de la otra se combinan para identificar la carta soñada que está bocabajo.

El secreto: En realidad, no conoces la identidad de tu carta soñada hasta que el espectador abre la baraja hacia ti. Ahí es donde puedes ver las primeras dos cartas, que identifican la "carta soñada". (El paso 3 aclarará esto.) Gracias a unas astutas maniobras, estas dos cartas acaban en la parte superior de las dos pilas.

1. Pídele a un voluntario que baraje.

Puedes empezar diciendo: "Anoche tuve un sueño muy extraño. Tenía que ponerme de pie y dar un discurso frente a todos mis amigos y, de repente, me daba cuenta de que estaba desnudo en el escenario, y no sabía que decir. Y luego salió este ejército de clones que empezó a seguirme, pero aunque corría y corría, no avanzaba y... no, esperen, ése es el sueño de la noche anterior".

"No, anoche el sueño fue sobre una carta. Es un tipo de sueño recurrente entre los magos. La carta que vi parecía tener un significado especial. Se lo voy a mostrar. Pero no puedo tocar el mazo para hacer esto".

2. Pídele a una voluntaria que abra las cartas en abanico de manera que las veas.

"Quiero que abras la baraja en un abanico, así. Despliégala frente a mí, para que pueda ver todas las cartas". Demuestra el movimiento con las manos vacías. La foto A de la figura 8-12 muestra las cartas abiertas en abanico.

3. Examina las dos cartas superiores de la baraja y encuentra la carta que iguala su número y su palo, respectivamente.

Las dos cartas superiores están en el extremo izquierdo, como se muestra en la foto A. Recuerda: "Número y palo". Esto significa que anotarás el número de la carta superior (as, 2, 3, o lo que sea) y el palo de la carta que le sigue (tréboles, diamantes, corazones o espadas). Combina estos dos factores para identificar tu "carta soñada".

Figura 8-12:
Observa el
número de la
primera carta
y el palo de la
segunda (A).
Luego, esas
cartas identifi-
carán la carta
soñada (B)

Por ejemplo, supón que la carta superior es el 2 de corazones y la segunda carta es el rey de tréboles. Busca el 2 de tréboles (¿y qué pasa si las cartas tienen el mismo número o el mismo palo? Anuncia que no puedes encontrar tu carta soñada y pide a la voluntaria que corte la baraja y comience otra vez).

4. **Cuando identifiques tu carta soñada, pide a la voluntaria que la ponga bocabajo en la mesa.**

"Detente, un momento. Ésta que está aquí. Saca esa carta y ponla en la mesa, bocabajo".

5. **Pide a la voluntaria que piense en un número entre 1 y 51, y que dé ese número de cartas en una pila en la mesa.**

"Muy bien", dices. "Te quedan 51 cartas. Piensa en cualquier número del 1 al 51 y da ese número de cartas en una pila en la mesa, una por una. No me digas el número, sólo da ese número de cartas".

¿Por qué le dices a tu voluntaria por adelantado que tendrá que dar ese número de cartas? Porque de esa manera estará menos inclinada a pensar en un número alto, que te obligaría a ti y al público a sentarse mientras reparte casi toda la baraja...

Este espectáculo sería tan divertido como ver crecer el pasto.

6. **Cuando tu voluntaria termine de repartir, pídele que recoja la pila dada y que la reparta en dos pilas, alternando a la izquierda y a la derecha.**

"Muy bien, pon el resto del mazo a un lado", dices cuando llega el número en que pensó.

"Ahora, aquí está la parte del cuento que no les he contado. Todo el tiempo que estaba viendo esta carta, una voz seguía repitiendo "número y palo... número y palo" (usa una voz hueca o fantasmagórica al decirlo).

"No supe lo que significaba en ese momento, pero creo que ahora ya lo sé. Recoge estas cartas que acabas de contar. Repártelas en dos pilas, alternando entre izquierda y derecha, izquierda y derecha. Sigue adelante hasta acabar las cartas".

Mientras la voluntaria acaba de repartir, observa en cuál de las dos pilas se queda la última carta. Esa pila va a ser la pila de número.

7. **Pide a la voluntaria que gire la carta superior de cada pila.**

"Creo que la voz que repetía 'número y palo' intentaba decirme el significado de la carta elegida. Veamos, gira la carta superior de esta pila". Señala la pila del número, que es la que recibió la última carta.

"Ése es el número de la carta soñada. Veamos, es un dos. Así que la carta soñada tiene que ser un dos de algo. Ahora gira la carta superior de la otra pila. Ésa es la pila del palo; dice el palo de mi carta soñada. Veamos. Es tréboles. Dos. Tréboles. Dos de tréboles. Así que la carta de mi sueño..." y aquí apuntas a la carta que está bocabajo, que la voluntaria dejó al lado en el paso 4... "tiene que ser el dos de tréboles. ¿No sería un milagro?".

8. **Pide a la voluntaria que ponga bocarriba la carta del sueño.**

"Gírala y veamos".

Y, por supuesto, es el 2 de tréboles.

Este truco puede parecer largo y aburrido cuando lo lees, pero tiene un enorme impacto.

Capítulo 9

Cuerdas

*E*n los círculos de la magia, cuando decimos "cuerda", nos referimos específicamente al tipo de cuerda blanca, suave, de algodón trenzado o torcido. No utilizamos cuerda de nylon, ni cordel, ni soga o lazo, ni hilo dental. Es probable que la consigas en ovillo o carrete en una ferretería, o puede que la encuentres a la venta por metros en una tienda especializada.

Una vez equipado con la cuerda, puedes aprender los impactantes trucos de este capítulo, y algunos en capítulos anteriores (ver capítulo 5).

La clásica restauración de la cuerda rota

El truco que implica cortar o romper un objeto cualquiera para luego volverlo a su forma original es un efecto esencial en el repertorio de todo mago. No sólo cortamos cuerdas, también corbatas e incluso partimos en dos a alguna que otra persona. Habrá quienes digan que debimos ser unos niños muy destructores.

El efecto es adecuado para cualquier tipo de presentación, bien sea magia de cerca, de salón o en un escenario.

El efecto: Cortas una cuerda por la mitad y prometes volver a unirla. Para descontento del público, tu solución consiste en anudar las dos mitades.

Sin embargo, para no decepcionar a tus espectadores, deslizas la mano a lo largo de la cuerda y, mágicamente, ambas mitades se unen de nuevo.

El secreto: Gracias a un ingenioso nudo en la cuerda, no llegas a cortarla en el medio sino muy cerca de un extremo.

1. **Sostén las dos puntas de una cuerda en la mano izquierda, como se ve en la foto A de la figura 9-1.**

   El mago de la foto A tiene una cuerda aproximadamente de 1.80 m, pero puede usarse una de cualquier longitud superior a 1.20 m.

   "Soy un mago bastante científico, y me gusta que mis trucos sean muy exactos", puedes decir para comenzar. "Si voy a cortar una cuerda en dos, por ejemplo, prefiero que sea justo por la mitad".

2. **Inserta el pulgar derecho y el índice de la misma mano por debajo del nudo que se forma en el medio de la cuerda, como se muestra en la foto B.**

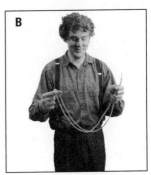

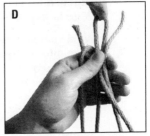

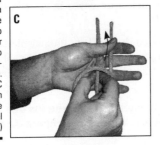

Figura 9-1: Sostén la cuerda de manera que cuelgue como una U (A). Al tomar el punto medio, debes levantarlo (B), unirlo con el extremo que esté más a la izquierda (C) y tirar de este extremo para formar un punto medio "impostor" (D). (Las fotos C y D muestran tu punto de vista, no el del público)

Tus dedos deben estar en una posición semejante a la de pellizcar, pero no deben pellizcar la cuerda, sino deslizarse por entre el nudo que cuelga y levantarlo para ponerlo en tu mano izquierda.

3. **Con los dedos mencionados en el paso anterior, sujeta el tramo de cuerda que está situado más a la izquierda, hacia tu pulgar izquierdo (foto C). Tira de ese tramo hacia arriba para formar un nudo que sujetas con el pulgar izquierdo (foto D).**

Es posible que los pasos 2 y 3 no salgan tan naturales como bostezar o estornudar, digamos. De hecho, requieren práctica para que los movimientos resulten fluidos y espontáneos. (Quieres que se vea como si estuvieras levantando el punto medio de la cuerda, que cuelga en la curva de la U, para sujetarlo con la mano que sostiene los extremos.)

Pero en ese movimiento radica todo el truco. Si llegas a hacerlo bien, parecerá completamente normal. Cuando el "punto medio" de la cuerda esté en posición (foto D), entrégale un par de tijeras a un voluntario (o si estás en el escenario, corta la cuerda tú mismo).

4. **Pídele a un voluntario que corte la cuerda (foto A de la figura 9-2).**

"Allá vamos", puedes decir. "Tenemos aquí otro elemento de equipo científico: unas tijeras. Si no tienes inconveniente, te voy a pedir que cortes la cuerda en dos, justo por la mitad. Aquí".

5. **Una vez cortada la cuerda, deja que los dos tramos situados más a la derecha cuelguen de tu mano.**

Esta increíble ilusión óptica se muestra en la foto B. Acabas de cortar la cuerda en dos, y eso es completamente evidente. Lo que nadie ve es que en realidad tu mano izquierda contiene un tramo corto, que forma una lazada alrededor de un tramo mucho más largo y aún intacto.

"Muy bien hecho, ¡y con total precisión! Aquí tienen un buen truco: ¡acabamos de convertir una cuerda en dos!".

6. **Ata el tramo corto que sostienes con el tramo largo.**

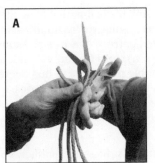

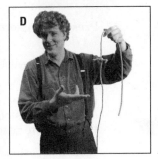

Figura 9-2:
Cuando cortes la cuerda (A), parecerá que tienes dos mitades (B). Anuda el tramo corto al largo (C), como final provisional (D). Enrolla la cuerda en tu mano derecha (E), y luego muestra cómo ha vuelto a ser una sola cuerda (F)

En otras palabras, mientras mantienes ocultos en tu mano los puntos medios de las cuerdas, anuda los extremos cortos entre sí (los que se asoman de tu mano izquierda) (foto C). En realidad, necesitas un nudo doble para atar las dos cuerdas, pero como tus manos esconden la mayor parte de la acción y al mismo tiempo estás hablando y distraes al público, nadie va a poner ninguna objeción.

"Aplicando un sencillo principio científico voy a unir las dos mitades de cuerda para que vuelvan a ser una sola".

7. **Presenta la cuerda "restaurada" con aire triunfal (foto D).**

"¡Aquí la tienen! ¡Una sola cuerda!".

En este punto, a menos que el público se haya quedado dormido, es probable que alguien parezca estar insatisfecho con el truco o que intenten tirarte un jitomate.

"Está bien, está bien. Lo reconozco. Había prometido magia y esto ha sido ciencia. Pasemos entonces a la magia".

8. **Toma un extremo de la cuerda con la mano izquierda. Con la derecha, envuelve la cuerda alrededor del puño izquierdo. Cuando palpes el nudo, desliza la mano derecha a lo largo de la cuerda.**

Después de sujetar el nudo, la mano derecha sigue enrollando la cuerda en la izquierda, hasta llegar al extremo (foto E).

"Damas y caballeros: una maravilla de la ciencia…".

9. **Desenrolla la cuerda de tu puño y muestra que está entera (foto F).**

"¡...Dos trozos de cuerda que mágicamente se han unido en uno!".

En este momento, tienes una cuerda intacta estirada con las manos, y un nudo que es la evidencia del truco oculto en la derecha. Hay varias opciones para deshacerse del nudo:

- Anticípate a las circunstancias: entre los pasos 8 y el 9, llévate la mano derecha al bolsillo, con la excusa de sacar algún utensilio mágico (una llave mágica, una moneda mágica) que luego usarás para hacer pases sobre la mano izquierda, y aprovecha para dejar allí el trozo de cuerda con el nudo.

- O puedes hacer algo con la cuerda, como moverla o mecerla hacia el público, de manera que las miradas se distraigan y así puedas dejar caer el nudo al suelo, justo detrás de ti.

- Otra opción es olvidarte del nudo y conservarlo en tu mano. Te desharás de él cuando busques los accesorios para el siguiente truco, o cuando llegues a tu casa.

El anillo que se libera de la cuerda

Éste es otro truco que implica pedir un anillo prestado. También advierto que tendrás que practicar un poco antes de hacer el truco en público, pues no es tan sencillo. Pero la reacción lo vale: después de verte, muchas personas van a pensar que eres una especie de genio.

El efecto: Ensartas un anillo en una cuerda y, mientras alguien sostiene ambos extremos de ésta, logras que el anillo salga de la cuerda.

El secreto: El misterio radica en la manera de manipular el anillo, que está fuera de la cuerda mucho antes de lo que el público cree.

Como sucede con todos los trucos que incluyen cuerdas, necesitarás un trozo de cuerda de algodón (consultar el inicio de este capítulo), de unos 40 cm de largo.

1. **Pide prestado un anillo a un espectador, y ensártalo en la cuerda. Exhibe el montaje en la mano izquierda, como se muestra en la foto A de la figura 9-3.**

   "Voy a hacerles una sencilla demostración de *escapología*, o sea, de la ciencia del escapismo".

Éste es el paso que debes practicar muchas veces frente al espejo o a la cámara de video antes de hacer el truco ante el público. Debe parecer como si simplemente estuvieras girando el puño izquierdo hacia abajo, mientras enrollas el extremo inferior de la cuerda (el que asoma por el lado de tu dedo meñique) alrededor del puño (primero por debajo, luego en el lado de la mano que está lejos de ti, y luego por encima).

Como verás, al mismo tiempo suceden otras cosas: sin que nadie lo note, vas a sacar el anillo de la cuerda mientras haces este giro del puño izquierdo.

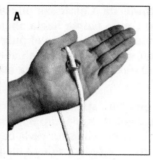

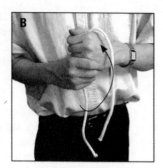

Figura 9-3: La única parte de este truco que no tiene trampa es el principio (A). Desde el punto de vista del público (B), lo que haces es sujetar uno de los extremos de la cuerda que salen de tu mano. Pero desde tu punto de vista (C), el anillo se desliza por la cuerda a la mano que tienes más abajo. Enrollas la cuerda alrededor de tu puño izquierdo y, por último, le entregas el extremo de la cuerda a un voluntario (D). Entrégale el otro extremo a otro voluntario, pronuncia las palabras mágicas y el anillo saldrá de la cuerda (E)

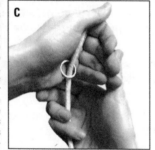

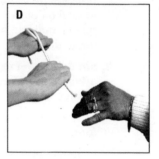

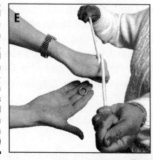

2. **Cierra la mano izquierda. Comienza por girar-la para que quede con la palma hacia abajo. Sigue girando la muñeca y, cuando el pulgar alcance la posición superior, sujeta la cuerda que cuelga de la mano izquierda con la mano derecha.**

Este movimiento, que dura apenas una décima de segundo, está congelado en la foto B. La razón por la que tomas el extremo inferior de la cuerda es para poderla enrollar alrededor de tu mano izquierda y alejarla de tu cuerpo. Durante una fracción de segundo, tus dos puños están juntos, lo cual da pie a la ocasión perfecta para dejar que el anillo se deslice por la cuerda hacia tu mano derecha.

3. **Sin detener el movimiento de ambas manos, afloja la presión alrededor del anillo para que se deslice hacia tu mano derecha (foto C).**

La foto C muestra el mismo momento que la foto B, pero desde tu punto de vista.

Imagina que ambas manos forman una especie de capullo, más estrecho en los extremos y más ancho en el centro. O sea, mantén los dedos supe-riores de tu mano derecha (y los inferiores de la izquierda) lo suficientemente abiertos como para que el anillo se deslice entre unos y otros sin no-tarse. Pero el meñique derecho debe estar cerra-do sobre la palma, para evitar que el anillo ruede hasta el suelo.

En todo esto sólo ha pasado una décima de segundo.

4. **Finaliza el movimiento al poner la mano izquier-da cerrada sobre la cuerda con los dedos hacia**

abajo. El extremo que sostienes con la mano derecha, que con el giro de la izquierda ha tenido que quedar más alejado de ti, debe pasar por encima de la mano izquierda, como si se enrollara en ella. En este punto, debes entregarle ese extremo a un espectador (foto D). Al hacerlo, asegúrate de deslizar tu mano derecha a lo largo de la cuerda, para quedarte con el anillo.

"¿Podrías sostener este extremo de la cuerda?".

(Por si no lo he dicho antes, tu mano derecha debe mantenerse cerrada para que nadie vea el anillo que oculta.)

Sé perfectamente bien que al principio sentirás que todo el mundo se da cuenta de que estás haciendo algo extraño. Te costará creer que la gente no se da cuenta de inmediato. Tres cosas conspiran a tu favor. La primera, has practicado hasta el punto de ser capaz de hacer todos los movimientos de forma fluida. La segunda, nadie sabe con certeza cuál es el siguiente paso del truco.

Y la tercera, no debes mirarte las manos en este momento. No olvides la regla básica de la distracción: el público mira hacia donde tú mires. En este caso, estarás mirando las manos del espectador al que vas a pedir que sostenga la cuerda.

5. Con el anillo aún en la mano derecha, sujeta el otro extremo de la cuerda, que sale de tu puño izquierdo por el lado del pulgar, y entrégaselo a otro espectador, cruzándolo por encima de tu mano.

"¿Puedes sujetar este extremo?". (Si sólo tienes un voluntario, puedes pedirle que sostenga ambos extremos, uno en cada mano.)

"Como ven, tanto el anillo como yo estamos atrapados en este momento. Y aquí es cuando entra en juego mi conocimiento de escapología, la ciencia del escapismo. Aquí es donde…".

6. **Coloca la mano derecha directamente bajo la izquierda. Frota suavemente. Abre la mano derecha para mostrar que el anillo atravesó la cuerda y llegó hasta tu mano (foto E).**

"Aquí es donde les digo que deben ponerse a estudiar esta ciencia si quieren saber cómo lo he hecho".

Escapar del nudo de corbata

Este libro no ofrece mucha variedad en cuanto a trucos de escapismo, a pesar de que gracias a ellos Houdini se hizo famoso. Y la razón para no incluirlos aquí es que requieren objetos como esposas, camisas de fuerza, cadenas y candados, que no se encuentran con facilidad en cualquier casa.

Pero este truco implica un escape en miniatura, que no por eso resulta menos impactante. Se produce ante las propias narices de los espectadores, mientras estás maniatado con una corbata y una cuerda comunes.

El efecto: Estás esposado (o con las muñecas atadas por una corbata). Una cuerda se pasa por el tramo de corbata que une ambas manos y, a pesar de eso, logras liberarte de ella en cuestión de segundos.

El secreto: Lee lo que sigue. El giro en tres pasos que te permite zafarte de la cuerda es demasiado complicado para resumirlo aquí.

1. **Haz que un voluntario del público te ate las muñecas con la corbata.**

   Si tienes un par de esposas a mano, úsalas. Pero en su ausencia, puedes utilizar una bufanda, una corbata o incluso un trozo de cuerda. La corbata es quizás la mejor alternativa para sustituir las esposas: es más fácil de atar que la bufanda y se distingue de la cuerda que usarás.

   "Probablemente, todos ustedes han oído hablar de Houdini, el maestro del escapismo. Houdini podía liberarse de camisas de fuerza, esposas, salir de baúles bajo el agua, lo que fuera. Pero no surgió de la noche a la mañana sino que empezó con escapes más sencillos. Tal vez a los cuatro años hizo uno como el que les voy a mostrar".

   Sostén la corbata en alto. "Se supone que debo usar esposas, pero no conseguí nada más que esta corbata vieja, y supuse que nos serviría. ¿Podrías atarla alrededor de mis muñecas? Vamos a simular unas esposas con la corbata. Ata un extremo en una muñeca y el otro, en la otra. Revisa bien que no pueda desatarme. Perfecto".

2. **Pídele al voluntario que pase una cuerda por la porción de corbata que une las dos muñecas, y que sostenga con firmeza ambos extremos de la cuerda.**

   La cuerda puede tener la longitud que quieras, pero no debe medir menos de 3 metros, pues necesitas que te permita girarte con comodidad y darle la espalda al voluntario (que sostiene los extremos).

   "Aquí, en esta mesa, vas a ver que tengo una cuerda. ¿Podrías tomarla y enlazar con ella el tramo de corbata que une mis muñecas? Bien, y luego debes sostener ambos extremos. Mantén la cuerda tensa, y podrán constatar que quedo como un perro con su correa. No tengo mucha libertad de movimiento".

Una vez que estés atado, subraya la impresión de desamparo al dejar que tus manos cuelguen, en gesto de impotencia. Por eso le pides al voluntario que manipule la cuerda. Estás en total capacidad de hacer este movimiento tú, pero al pedirle a otro, contribuyes a crear la impresión de estar inmovilizado.

Tu situación debe parecerse a lo que se ve en la foto A de la figura 9-4.

"El reto ahora es que yo me libere. Al fin y al cabo, si hay algo que los magos detestamos es estar atados, y si lo que nos ata es un trozo de cuerda, aún peor. Voy a darme la vuelta y, no importa lo que hagas, no sueltes esa cuerda".

Elemento dramático opcional: Cuando domines los siguientes pasos y los puedas hacer con rapidez y seguridad, puedes aumentar la tensión con la misma fórmula que han utilizado muchísimos magos antes que tú. Plantea que podrás liberarte en un límite de tiempo determinado. Puedes pedirle al voluntario que te cronometre. El reto: escapar en 5 segundos y, si no lo logras, deberás pagarle una suma al voluntario, o irte de la fiesta de inmediato, o cortar el pasto de su casa, o lo que se te ocurra.

3. **Gírate para darle la espalda al público (foto B). Con la mano derecha, toma la parte de la cuerda que reposa sobre el tramo de corbata (la parte**

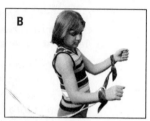

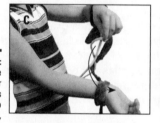

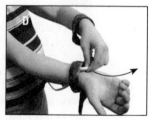

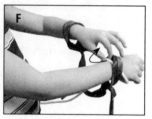

Figura 9-4:
Primero te deben atar las muñecas (A). Luego te giras (B), tomas la cuerda (C), y la pasas por debajo del nudo de la derecha (D). Pásala a través y luego por encima de tu mano (E). Luego levantas la parte de la cuerda que está por encima de la muñeca hacia ti (F) y la pasas por encima de tu mano hasta que cae (G). ¡Estás libre!

que haría el papel de cadena si en lugar de una corbata llevaras esposas). **Pasa esa lazada por debajo de la muñeca derecha.**

Ten en cuenta que el tramo inferior de la cuerda se convierte en el tramo superior de la lazada que haces pasar entre la corbata y tu muñeca (como se ve en la foto C). Con eso, le das un solo giro hacia ti, al mover la cuerda hacia tu muñeca derecha.

Parece difícil al leerlo, pero en la práctica no lo es. Con la mano izquierda, toma la cuerda que se enrolla en la "cadena", y haz girar esa lazada en la dirección de las manecillas del reloj, para llevarla hacia tu muñeca derecha. La parte superior de esa lazada debe pasar por debajo de la corbata que te ciñe la muñeca.

4. **Pasa la lazada de cuerda a través de la corbata que te ciñe la muñeca derecha. Cuando tenga la amplitud suficiente, pásala por encima de tu mano derecha (fotos D y E).**

Aunque tu mano derecha no tiene que estar con la palma hacia arriba (como se ve en las fotos D y E), girarla de esta manera parece resultar más cómodo. Ten presente la lazada de cuerda baja, que pasa por encima de tu mano (foto E).

5. **Con la mano izquierda, sujeta la lazada que está sobre tu muñeca derecha, cerca de la corbata que la ata (foto F). Pásala por encima de tu mano derecha hasta que caiga al suelo (foto G).**

Si tienes a la diosa Fortuna de tu lado, debes estar completamente liberado de la cuerda. Exagera tu repentina libertad con algún gesto dramático, como girarte de golpe para quedarte cara a cara con tu voluntario, o levantar ambas manos en el aire y lanzar la cuerda a lo lejos.

Como apenas han transcurrido tres segundos desde que te giraste de espaldas, este gesto parece bastante impresionante. Y más si dejas salir una exclamación triunfal al girarte.

Hiciste lo que te habías comprometido a hacer: te liberaste de la cuerda. Lo cual te deja aún atado con la corbata, y debes pedirle al voluntario que te desate. Esta parte puede resultar un poco humillante, pero puedes disculparte diciendo que, al fin y al cabo, eres un mago principiante.

Capítulo 10

¡Puedo leer tu mente!

. . . .

En este capítulo

▶ Adivinar cartas por el tacto

▶ Leer la mente de tu pareja (o de un amigo)

▶ Magia por la radio

▶ "Forzar" a tu público a escoger el objeto que tú desees

▶ Leer la mente de las personas con la ayuda de libros

▶ Cómo conocer las verduras que prefieren tus amigos

▶ Leer la mente por teléfono

. . . .

*E*stás a punto de adentrarte en una zona especial del mundo de la magia, el reino de la lectura de la mente y los trucos de predicción conocidos como *mentalismo*.

Pero antes, una advertencia: cuando ejecutes estos actos, se te planteará de inmediato un dilema moral. Estos trucos hacen parecer que sabes lo que otras personas están pensando. El dilema es: ¿finges que realmente puedes leer la mente de las personas, o bien aclaras que son trucos, maravillosos por supuesto, pero sólo con el propósito de entretener a tu público?

Este dilema se debate de forma continua y apasionada entre los magos profesionales. Algunos se deleitan haciendo que su público dude de si en verdad existe la percepción extrasensorial, llevándolos a admitir que, en efecto, el mago percibe lo que están pensando. Otros magos, de la corriente realista, rechazan con desagrado este tipo de presentación. Ellos sienten que hacer ver que se tiene verdadera percepción extrasensorial es mentir, engañar y aprovecharse de la confianza del espectador, aún más que en otros tipos de magia.

Como mago aficionado, tal vez tú no pierdas mucho el sueño con este debate sobre las implicaciones éticas del mentalismo. Sin embargo, si tienes inclinaciones filosóficas, decide a qué bando perteneces y haz los ajustes apropiados a tu presentación.

La prueba de las tres cartas percibidas al tacto

He aquí un excelente truco para iniciarte en el emocionante mundo de lo paranormal. No es propiamente una lectura de la mente, pero se incluye en la categoría de los trucos que involucran un sexto sentido y que dejan perplejos a los susceptibles.

El efecto: Extiendes una baraja sobre la mesa, bocabajo. Retas a un espectador a pasar su mano sobre las cartas, y que señale una que crea que es la carta en la que él pensó, digamos el 2 de corazones. Toma la carta que escoge y hazla a un lado.

Le pides a otro espectador que trate, de la misma manera, de percibir dónde se encuentra el joto de diamantes. Finamente, anuncias que tú vas a encontrar el 10 de espadas. Al descubrir las tres cartas que has separado, compruebas tu afirmación: los tres pudieron seleccionar exitosamente la carta pedida, sólo con el sentido del tacto.

El secreto: Este truco depende de un concepto clásico en magia, conocido como el *principio de anticipación*. Existe una buena razón para no mostrar las cartas en el momento de ser escogidas, porque la selección ha sido anticipada frente al resto de la acción, como verás en un momento.

1. **Invita al espectador a barajar las cartas.**

   "¿Alguna vez has leído sobre los tahúres? Ya sabes, esos tipos que ganan miles y miles en juegos de póquer. Todo el mundo sabe que hacen trampa, pero nadie sabe cómo. Yo creo que muchos de ellos usan el tacto para percibir las cartas. ¿Alguna vez has intentado percibir algo sólo con el tacto? Toma, mezcla esta baraja".

2. **Al tomar la baraja que te devuelve el voluntario, mira discretamente la carta inferior y memorízala. Extiende las cartas sobre la mesa, y ten cuidado de no perder de vista la posición de la carta inferior.**

   Hacer esto no es tan difícil como puede parecer. Por ejemplo, al dar tu pequeña introducción al truco, tendrás tiempo más que suficiente para ver la carta inferior de la baraja.

   Después, coloca la baraja sobre la mesa. Comienza a revolver las cartas, extendiéndola de derecha a izquierda, como si untaras un gran trozo de mantequilla sobre un pan tostado. Como resultado de esta acción, la carta inferior quedará a tu alcance. Ahora, tal como muestra la figura 10-1, desliza tus manos sobre la mesa para revolver las cartas, pero mantén un dedo (por ejemplo el pulgar o el meñique de la mano derecha) sobre la carta que originalmente estaba en la posición inferior.

Después de lo que tú consideres un número suficiente de vueltas a las cartas, deja la carta a la que le has seguido la pista en un extremo y no olvides dónde la dejaste, pues la necesitarás más tarde.

3. **Pídele al voluntario que toque la carta que, según su percepción, sea el [indica aquí el nombre de la carta inferior de la baraja, a la que le has seguido la pista].**

Mientras tu voluntario repasa las cartas, tú dirás algo así como: "Sólo con el tacto debes percibir las cartas, éstas te deben comunicar su identidad.

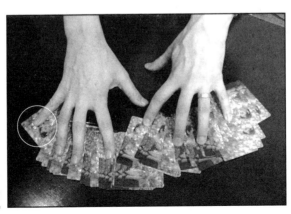

Figura 10-1: Conforme deslizas las cartas por toda la mesa, mantén un dedo sobre la carta inferior, como se muestra aquí

Es algo así como las corazonadas en las carreras de caballos. Acércate, sostén tu mano sobre las cartas, muévela lentamente por encima de ellas. Trata de adivinar cuál de ellas es... digamos el 10 de corazones". (Claro, aquí es cuando nombras tu carta de la parte inferior del mazo.)

4. **Haz a un lado la carta seleccionada por tu voluntario, pero mírale, con un gesto teatral, como si evaluaras cómo le ha ido.**

"¿Ésta es la que escoges? Vamos a ver...". Toma la carta que sacó tu voluntario, y memorízala, cuidando que nadie más la vea. Ésta es la carta que nombrarás en la siguiente ronda de la prueba, y de ahí el nombre de principio de anticipación.

Por poner un ejemplo, vamos a suponer que el voluntario escogió el joto de corazones.

"Excelente. Lo has hecho muy bien, mejor de lo que te imaginas. Verán, la mayoría de personas nunca ha intentado la percepción de cartas por el tacto, así que no saben la gran cantidad de veces que esto funciona. ¡Muy bien! Intentemos otra prueba".

Si hay varias personas presentes, selecciona a otro voluntario para la segunda ronda, y le dirás: "Esta vez, quiero que tú intentes encontrar... el joto de corazones! Extiende tu mano y paséala hasta que percibas qué carta es el joto de corazones, y entonces tócala".

5. **Haz a un lado la segunda carta seleccionada y, una vez más, echa un vistazo para memorizarla.**

"Veamos..." (Una vez más, observa la carta, memorízala y agrúpala con la primera carta escogida.

Supongamos que es el 10 de espadas.) "¡Otra percepción acertada!".

Coloca la segunda carta sobre la primera.

"¡Ahora voy a intentarlo yo! Tal vez no sea tan bueno como ustedes, pero he estado practicando. Voy a intentar encontrar el 10 de espadas".

6. **Finge "sentir las vibraciones" de las cartas y, finalmente, toma la carta que estaba en la posición inferior de la pila y que pusiste en un lugar que recuerdas.**

Gírala y mírala, para ser coherente con las rondas anteriores.

"¡Qué bien!", puedes decir con gesto de aprobación.

7. **Desliza tu carta debajo de las dos primeras cartas escogidas y toma las tres.**

"Bien, veamos cómo ha ido. Recuerden, hemos tratado de encontrar el 10 de corazones, el joto de corazones y el 10 de espadas. Si se ponen a calcular, la posibilidad de adivinar correctamente las tres cartas ¡es astronómicamente pequeña! Como de una entre cincuenta, tres veces seguidas. Pero, aquí es donde el sexto sentido gana a la lógica. ¡Vean esto!".

8. **Muestra las tres cartas en orden.**

"Aquí están, el 10 de corazones, el joto de corazones y el 10 de espadas. Así que la moraleja es: ¡Nunca jueguen al póquer con alguien que sabe percibir las cartas al tacto!".

La triple predicción conquistadora

Si ya conoces el principio de anticipación, descrito en el truco anterior, ya estás preparado para una versión un poco más compleja del mismo concepto. Este truco pondrá a prueba tu lenguaje corporal y tus habilidades verbales e histriónicas.

La referencia a una triple predicción en el nombre de este truco es fácil de comprender, pero ¿qué hay de la palabra "conquistadora"? La razón es que le presenté ese truco a una bellísima chica durante nuestra primera cita, y ella acabó casándose conmigo.

No te garantizo los mismos resultados, pero veamos el truco.

El efecto: Tú efectúas tres predicciones sobre aspectos de tu voluntario, que resultan imposibles de conocer de antemano. Aciertas en las tres ocasiones.

El secreto: Haces tus predicciones a partir del principio de anticipación. En otras palabras, no haces una segunda predicción hasta que ya conozcas la respuesta a la primera, y así sucesivamente.

Al igual que en el truco de las tres cartas percibidas al tacto, debes conocer una de las respuestas antes de comenzar. Si sabes con anticipación que alguien en particular estará presente durante tu acto, haz un poco de investigación previa. Pregúntales a los amigos, parientes o jefes de tu víctima algún dato desconocido que de otro modo no podrías saber (en el caso de mi esposa, gracias a estas artimañas, logré saber de un ex compañero de universidad el nombre del edificio de su dormitorio en la escuela de medicina. Bastante desconocido el dato, ¿no?).

Por supuesto, a veces este tipo de investigación es imposible de realizar. Si vas a presentar tu acto frente a desconocidos o a personas de las que no sabes nada de nada, te voy a presentar un plan alterno en las siguientes instrucciones.

1. **Corta una hoja de papel en seis trozos. Conserva tres de ellos y dale los otros tres a tu voluntario.**

   "Aquí tienes tres papelitos para ti y tres para mí". Coloca tres papeles en una pila para tu asistente, y tres cerca de ti.

   "Ahora bien, no te conozco mucho", comienzas a decir. (O haz un discurso apropiado para la ocasión: "Como puedes asegurar al público, tú y yo no nos conocíamos hasta ahora", o bien: "Como tú bien sabes, sólo llevamos casados 30 años".)

   "Conozco tu nombre, y sé que eres una persona agradable, y que te gusta participar de trucos de magia".

   "Pero es difícil saber más datos de una persona. Sherlock Holmes era un caso especial. Le bastaba ver algo simple, como una salpicadura de pasta de dientes en la uña de tu meñique, y a partir de esa pequeña pista podía extrapolar hasta saber todo lo que hiciste en las pasadas 24 horas. Yo no soy tan bueno, pero he logrado acumular mucha experiencia en eso de reconocer pistas sutiles".

   "Te propongo que hagamos una prueba ahora mismo. Trata de eliminar todo pensamiento de

tu mente". Y tras una pausa de medio segundo:
"Vaya, has sido muy rápido. Ahora quiero que te
concentres en algo. No sé... algo de tu juventud o
niñez que es imposible que yo sepa. ¡Ah! Ya sé, el
nombre de tu mejor amigo de la infancia, ¿cómo
se llamaba? Concéntrate, repítelo en tu mente una
y otra vez. Ahora voy a tomar uno de mis papeles
y escribir lo que recibo de tu mente".

2. **Toma uno de los trozos de papel, y sin que nadie
   vea lo que escribes, escribe 35. Táchalo y escribe 37 a un lado (ver foto A de la figura 10-2).**

Sí, me doy cuenta de que las posibilidades de que
el amigo de infancia se llame 37 son casi nulas, a
menos que tu voluntario haya crecido en prisión.
Pero bueno, ése no es el punto. Lo importante es

Figura 10-2:
Tu primera
predicción
te da dos
oportuni-
dades (A).
Conforme
desarrolles
el truco,
haz que tu
voluntario
sostenga tus
predicciones
en una mano
y sus res-
puestas en
la otra (B).
Si todo sale
bien, habrás
acertado las
tres veces
(C)

que lo que has escrito es la respuesta a la tercera
pregunta, que está aún a varios minutos de distancia. Estás usando el principio de anticipación,
¡mago astuto!

Por cierto, escribir 35 y 37 forma parte del plan
alterno que he mencionado antes. Si has podido
conocer de antemano algún dato sobre tu voluntario, escribe eso en el papel, en vez de los números.

3. **Dobla el papel con tu primera predicción. Pídele
a tu voluntario que lo sostenga en su mano derecha. Y ahora, a revelar el nombre de su amistad
de la niñez.**

"Muy, bien, ya he hecho mi predicción", puedes
decir, mientras doblas la tira de papel. "Ten: sostenla en tu mano hasta el final del truco. Eso, así.
Ahora que mi predicción está segura bajo tu cuidado, se puede revelar la verdad: ¿cuál es el nombre en que estabas pensando?".

4. **Escribe el nombre del amigo en uno de los papeles de tu voluntario, de forma que todos puedan
verlo. Dobla el papel, y pídele que lo sostenga
con su mano izquierda.**

"¿Jerjes? ¡Vaya! Ahora entiendo por qué no has
olvidado su nombre en todo este tiempo. Voy a
escribir su nombre en uno de tus papeles: Jerjes.
Muy bien. Sostén este pedazo de papel en tu otra
mano, que va a contener tus respuestas".

Las manos de tu voluntario, sujetando ambas
pilas de papel, deben verse como en la foto B.

Ahora estás en una excelente posición: conoces
el nombre del chico. Desafortunadamente, tu

predicción original era errónea, pero eso lo vas a arreglar. Vas por otra ronda con tu voluntario, otra prueba de mentalismo.

Lo que no quieres es que, antes de que se acabe el truco, tu voluntario piense mucho en el hecho de que te acaba de dar una respuesta. Por medio de tu lenguaje corporal y tu expresión facial, debes establecer que la primera ronda ya ha acabado, y era un truco completo en sí. Enderézate, cambia de posición, recorre la silla, o haz cualquier cosa de manera que quede claro que vas a comenzar otra fase.

"Muy bien, vamos a intentar algo distinto, algo más difícil. Una vez más quiero que pienses en algo, y te concentres en ello sin parar. Pero esta vez, quiero que pienses en un lugar. Una ciudad, un parque, un edificio; cualquier lugar con un significado emocional. Un lugar que puedas visualizar. Un lugar donde algo importante haya ocurrido. Dime cuando ya tengas el nombre del lugar en tu mente".

5. **Toma el segundo papel de "tu" pila. Escribe Jerjes. Dóblalo y pídele a tu amigo que lo sostenga.**

En otras palabras, escribe el nombre que te dieron en la ronda 1. Una vez más, no dejes que nadie vea tu predicción. Dobla el papel cuando termines de escribir y pídele a tu voluntario que lo sostenga firmemente bajo su pulgar derecho.

"Muy bien, ya tengo aquí lo que leí en tu mente. Sostenla firmemente junto con mi primera predicción".

Con esto ya queda claro que su mano derecha es la pila de tus predicciones.

"Muy bien, ya escribí mi predicción. Ya nos puedes decir: ¿cuál es el nombre del lugar en el que pensaste?".

6. **Escribe el nombre del lugar en uno de "sus" papeles.**

Escribe de forma que todos puedan ver lo escrito. "¿Praga? Nunca he estado en Praga, aunque dicen que es una ciudad muy bonita".

O cualquier cosa similar. "¿Así está bien? Excelente. Vamos a añadir esta respuesta a tu pila". Dobla el papel y ponlo en la mano con "sus" respuestas.

Ahora estás listo para la tercera ronda: acomoda tu silla, estira los brazos, haz una pausa con respecto a la ronda anterior.

Tal como he dicho antes, tú debes haber conseguido alguna información secreta y oscura sobre tu sujeto. Pídele que se concentre en esa información ahora. ("Ahora, quiero que te concentres en la época en que estabas en la universidad. ¿Cuál era el nombre de tu profesor de inglés?". O pregunta algo similar.)

Si no conoces nada de tu sujeto, y estás usando el plan B (y escribiste los números en tu primera predicción), sigue adelante.

"Muy bien, estoy listo para llevar a cabo un intento más. Esta vez vamos a hacer algo más sencillo; a veces me funcionan mejor los números que las cuestiones sentimentales de nombres y lugares. ¿Qué tal...? Sí, ¡ya sé! Piensa en cualquier número entre el 1 y el 50. Haz que ambos dígitos sean impares, y que los dígitos sean diferentes entre sí. Concéntrate bien en ese número".

Las palabras que se deben decir aquí son críticas. Si hay una línea de tu diálogo que debes memorizar de este libro, es esta: "Haz que ambos dígitos sean impares", pues obliga a tu voluntario a pensar en un número de dos dígitos sin que lo digas explícitamente.

Resulta que no hay muchos números de dos dígitos ambos impares entre el uno y cincuenta. Están el 13, 15, 19, 31, 35, 37 y el 39, pero en 100 veces que presentes el truco, 99 personas escogerán el 35 o el 37. No sé bien qué nos dice esto de la naturaleza humana, pero, ¡qué importa! Tienes en tu poder algo prácticamente seguro.

Por eso en el paso 2 escribiste "35", lo tachaste, y escribiste "37". Ahora has cubierto ambas posibilidades. Básicamente, estás haciendo trampa. (Sí, así es, supéralo: esto es lo que hacen los magos.)

7. **Toma el último papel de "tu" pila. Concéntrate unos momentos. Escribe el nombre del lugar. Dobla el papel y ponlo en la mano de "predicciones" de tu voluntario. Pídele el número que pensó y escríbelo en el último papel.**

"Bien, ¡lo tengo! Al menos eso creo. Ahora dinos en voz alta, ¿cuál fue el número que pensaste? ¿37? Muy bien, voy a escribir eso en tu último papel, así. Toma y sostén con firmeza el último papel en tu mano izquierda con tus otras respuestas".

Al final, tu voluntario estará sosteniendo tres papeles en cada mano, tal como se muestra en la foto B.

8. **Toma la pila de la mano derecha, la de tus predicciones, abre el papel que está en la posición inferior y compara las respuestas.**

"Muy bien, tres rondas, tres predicciones. Recuerda que yo he estado tratando de percibir tus vibraciones mentales. Tal vez no tenga la ortografía correcta, o tal vez percibí algo distinto. Vamos a comprobar qué tal lo he hecho. A ver, permíteme la pila con mis adivinaciones".

Ahora bien, como "anticipaste" tu primera respuesta para dar la correspondiente a la ronda 3, el papelito que debes leer está en realidad en el fondo de la pila que tu voluntario está sosteniendo. Por esa razón, debes abrir el papel inferior para que la respuesta se corresponda con su papel superior.

Hacer esto sin que te descubran no es tan difícil. La distracción aparece en tu rescate. Dirige tu mirada, e incluso haz un ademán con la cabeza, para señalar los tres papeles que quedan en la mano de tu voluntario (no mires su cara sino su pila).

Di: "Muy bien, abre el papel de arriba y colócalo en la mesa". En la fracción de segundo que tarda en girarse y centrarse en sus manos, toma el papel inferior de tu pila. Llévalo hacia la mesa al tiempo que el voluntario lleva el suyo. Añade: "Abriré mi predicción al mismo tiempo que tú".

Sólo porque haya insistido en este asunto durante tres párrafos completos, no es razón para ponerse nervioso. ¿Sabes qué? Tu público no se dará cuenta de tu movimiento. Y francamente, el voluntario está más interesado en saber lo bien que lo ha hecho él, que en lo que tú haces. Tú le has asignado una tarea y ahora está nervioso por estar ante el público. Aunque no aprovechases ese instante de distracción para tomar el papel de abajo de tu pila, es probable que nadie se diera cuenta ni le importe. Todo el mundo tiene demasiadas ganas de verte fallar.

"Escogiste el número 37. Y yo predije correctamente que dirías... ¡sí, el 37!

Si acertaste, tranquiliza el alboroto de tu público y prosigue. Aún te quedan dos sorpresas más. (Y si la respuesta es el dato secreto personal que obtuviste de manera anticipada, tienes una enorme ventaja. Sigue abriendo los otros papeles.)

Si te equivocaste, si te tocó en suerte un sujeto sociópata e inconforme que no escogió ni el 35 ni el 37, no te preocupes. Al fin y al cabo, recuerda que estabas intentando lograr lo imposible.

"¡Rayos! El marcador es cero a tres hasta ahora. Veamos que tal me ha ido al adivinar el lugar importante y significativo". Y prosigues como si nada.

Si tu sujeto escoge el 35 y no el 37, tampoco pasa nada. Desdobla tu papel y muestra que lo primero que percibió tu instinto (el número tachado) fue el 35. Puedes decir: "Como pueden ver, mi primera predicción fue, en efecto, 35. Debí haber seguido mi primera corazonada. Bueno, medio punto para mí. Veamos que tal me fue en la siguiente prueba".

9. Desdobla los siguientes papeles, junto con tu asistente (foto C).

"Bien, la siguiente prueba fue..., el nombre del lugar, ¿verdad? Y tú dijiste, Praga y yo dije... ¡Sí! Yo dije ¡Praga!".

El efecto será mucho más convincente si tú también tienes una expresión de sorpresa y de deleite.

"Por último, está el nombre de tu amigo de la infancia. Tú dijiste que tu amigo se llamaba Jerjes y yo, yo también lo hice muy bien, predije que dirías Jerjes".

Ahora, sonríe con falsa modestia y acepta aplausos y regalos del público.

La prueba matemático-geográfica-zoológico-cromática

Durante una reciente entrevista en radio, el anfitrión me preguntó: "¿Por qué no hacer un truco para nuestros radioescuchas en este instante?".

Me quedé mirándolo como si le acabara de salir un tercer ojo. ¿Hacer un truco por radio? ¿Donde nadie puede verme? ¿Estaba loco? Mi carrera de mago pasó ante mis ojos.

Entonces recordé un truco antiguo y fuera de lo común que tuvo sus quince minutos de fama en un programa de televisión de hace años en los Estados Unidos, y en la revista *Esquire*. Como es un truco completamente verbal, se puede hacer a través de la radio. Y de hecho, también por teléfono, vía correo electrónico, mientras conduces y en muchos sitios más.

El efecto: Le pides a un voluntario que piense un número, que haga algunas operaciones matemáticas en su cabeza con él; que convierta el resultado numérico en una letra, que piense en un país que comience con esa letra, que piense en un animal que comience con la segunda letra del país y luego, que se concentre en un color cuyo nombre empiece con la última letra del nombre del animal. Tú adivinas el color, y aciertas.

El secreto: Las operaciones matemáticas del principio garantizan que el resultado obtenido sea siempre el número 4. De ahí en adelante, el espectador no tiene muchas opciones, gracias a la forma astuta en que están estructuradas las preguntas.

Sólo hay una parte difícil en este truco, y es recordar exactamente qué decir. Como es un truco puramente verbal, fuera de lo común, los pasos enumerados son en realidad tu discurso.

1. **"Piensa un número del 1 al 10. No me lo digas. ¿Listo?".**

   De hecho, éste es el único punto en que tu voluntario podrá escoger una opción.

2. **"Muy bien, ahora, multiplícalo mentalmente por 9. ¿Ya tienes la respuesta?".**

   En este punto, tú aún no sabes nada.

3. **"Si la respuesta es un número de dos dígitos, suma los dos dígitos".**

Aquí ya estás a salvo, no importa qué número se haya escogido en el primer paso, tu voluntario debe haber obtenido como resultado el número 9. Si sigues los pasos 2 y 3 usando cualquier número entre el 1 y el 10, el resultado siempre será 9.

4. **"Réstale 5 a tu número".**

Tú sabes que tu voluntario obtendrá el número 4 como resultado, pero él no sabe que tú lo sabes.

5. **"Ahora, busca la letra del alfabeto que corresponda a ese número. Si tu número es el 1, la letra es A; si es 2, la letra es B; y así sucesivamente".**

El número 4 corresponde a la letra D. Todo va según tu plan maestro.

6. **"¿Ya sabes qué letra es? Excelente. Ahora pasaremos de las matemáticas a la geografía. Quiero que pienses en un país que comience con la letra en la que estás pensando".**

Aquí es donde la manipulación se vuelve siniestra: aunque parece que estás dejando que tu voluntario escoja libremente, sólo hay tres países cuyos nombres comienzan con la letra *D*: Dinamarca, Djibouti y Dominica. Aunque sea difícil de creer, en quince años de llevar a cabo este truco, nunca nadie ha dicho Djibouti ni Dominica.

Créeme, en este punto, el voluntario está pensando "Dinamarca".

7. **"Ahora estás pensando en un país, ¿verdad? Excelente: ahora, toma la segunda letra del nombre del país, ¿ya la tienes? Ahora pasemos a la biología. Quiero que escojas un animal cuyo nombre comience con esa letra".**

Una vez más, psicológicamente, tienes arrinconado a tu voluntario, el único nombre de animal común que comienza con *I* es iguana.

8. **"Finalmente, quiero que pienses en un color con la última letra del nombre del animal. Visualiza ese color, nada más. Voy a tratar de percibir las vibraciones de ese color".**

"Tengo la impresión de que es el azul, o si no el amarillo".

No te imaginas qué bien se siente esa descarga de poder, control y triunfo cuando tu sorprendido voluntario admita que tienes razón, una sensación muy útil para tener presente en tu próxima entrevista en radio.

Divide y vencerás

En este desconcertante truquito de predicción, todo lo que debes hacer es jugar un juego.

El efecto: Reúne un conjunto de objetos distintos sobre la mesa: cartas, diferentes discos de tu colección de música, cajitas de fósforos, una pila de tarjetas de presentación de tu última exposición, o lo que sea. Tú y un voluntario se turnan para eliminar objetos hasta que sólo quede uno. Al final, lenta y deliberadamente, te quitas un zapato para sacar de allí una predicción. Sobra decir que aciertas al predecir qué objeto será el último sobre la mesa.

El secreto: Las reglas de este pequeño juego de eliminación hacen que tengas el éxito garantizado. Tu inocente víctima en realidad no tiene opción; tú fuerzas el resultado para que coincida con tu predicción.

Antes de comenzar, escribe una predicción en un trozo de papel. Ésta puede ser simplemente el nombre del objeto, por ejemplo "el CD de los Beatles en concierto en el Royal Albert Hall". Si usas algo que tenga tapa, como una cajita de fósforos o la caja de un CD, puedes escribir dentro de la tapa o debajo del objeto "¡Sabía que al final éste sería el objeto seleccionado!" y mostrarlo.

Esconde tu predicción en tu zapato o en un sobre sellado (ver la nota "Verdades de la magia, parte 11. Distánciate de la predicción") y comienza.

1. **Coloca los objetos sobre la mesa. Explica las reglas.**

   Para este truco, necesitas un grupo numeroso de objetos, entre 9 y 20. No pueden ser idénticos; no puedes usar nueve monedas de la misma cantidad. (Valiente truco sería predecir: "¡Sabía que quedaría la moneda de un dólar!".)

   Puedes comenzar explicando: "Cuando yo era pequeño, solía pelearme con mi hermano por todo. Siempre le decía a mi madre que le tocaba el tazón más grande de helado, el mejor trozo de pastel, la fruta más madura. Finalmente, harta de mis quejas constantes, ella instituyó la regla de 'divide y escoge'".

   "Esta regla funciona de la siguiente manera: mi hermano cortaba los dos trozos de pastel, pero yo escogía el que quería. De esta forma, a él no le convenía cortar un pedazo más pequeño que otro. Otras veces, yo escogía dos manzanas y mi hermano decidía con cuál de las dos quedarse. De modo que, obviamente, si yo escogía una manzana agusanada, seguro que me tocaría a mí".

"Quiero mostrarles un truco que funciona de forma similar. Tengo aquí un montón de discos (o lo que sea que tengas). Es un juego de eliminación, en el que nos turnamos: uno escoge dos objetos y el otro escoge cuál se elimina. Primero escojo yo y tú eliminas, después tú escoges y yo selecciono cuál se va. Seguimos así, hasta que sólo quede un objeto. ¿De acuerdo? Bien, vamos a empezar".

Tú "ganarás" el juego, no importa quién comience, si recuerdas lo siguiente:

Si tienes un número impar de objetos, tú debes comenzar el juego. Si hay un número par de objetos, tu amigo debe comenzar el juego.

2. **Cuando sea tu turno, escoge dos objetos que no sean los que tú predijiste. Cuando sea su turno, elimina el objeto que no sea el que tú predijiste.**

Supón que hay un número impar de objetos sobre la mesa. Por supuesto, tú comienzas.

"Muy bien, yo comienzo. Escojo estos dos. Saca el que tú quieras de estos dos". Tu voluntario debe apartar el objeto de la mesa.

"Vamos muy bien. Ahora es tu turno, escoge dos objetos y yo quitaré uno de la mesa". Si uno de los objetos señalados es el que predijiste (ver la foto A de la figura 10-3), quita el otro de la mesa. Si ninguno de los objetos que tu voluntario señaló es el que predijiste, no importa cuál de los dos elimines.

"¿Mi turno de nuevo? Entonces escojo estos dos. ¿Cuál eliminas?".

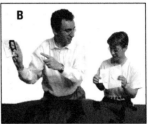

Continúa la eliminación de esta forma. Si lo piensas detenidamente o si programas una simulación informatizada de vectores en tres dimensiones, te darás cuenta de inmediato de que no puedes perder. El objeto predicho está siempre bajo tu control. Después de varias rondas, sólo quedarán dos objetos en la mesa, y siempre serás tú quien escoja cuál eliminar.

Quita el objeto que no es el que predijiste.

"Veamos, queda un único objeto en la mesa", puedes decir. "Ahora, la cosa graciosa sobre mi rivalidad con mi hermano es que, a pesar de las nuevas reglas extremadamente justas, yo siempre me quedo la mejor parte. De alguna forma, yo siempre lograba saber qué era lo que él había escogido".

3. Muestra la predicción (foto B).

"Verás: antes de comenzar a jugar este juego, hice una predicción. En este papelito escribí qué objeto quedaría. Y para tenerlo bien a salvo de ojos sospechosos, lo escondí dentro de un sobre y está en mi calcetín. Deja que me quite el zapato. No, no lo he escondido por desconfianza, sólo extrema precaución, y... tenemos que el CD que queda es

Música aborigen australiana, y mi papelito con mi predicción dice... ¡Sí, 'Música aborigen australiana'!". (O "¡el 4 de espadas!" o "el paquete de chicle de menta" o lo que sea que hayas predicho.)

No subestimes este truco por la simplicidad de su descripción. En la práctica, es imposible de resolver y deja perplejo al público.

La prueba del libro

Es tu obligación conocer la prueba del libro. Ni siquiera puedes solicitar entrar en la cofradía de los magos sin conocerla. Nunca salgas de casa sin este truco en tu cartera.

La prueba del libro es un caso clásico de mentalismo. Un voluntario escoge una palabra de un libro y se concentra en ella. Tú, el mago, anuncias la palabra escogida. Hay muchos métodos distintos para realizar este truco, tantos como estilos de peinado ha tenido Madonna. Pero éste en particular, creación del asesor de magia Mark Levy, es poco común, sorprendente e ingenioso.

El efecto: Un voluntario calcula un número, sumando dos números de página de un periódico. Luego, escoge un libro de entre una pila, lo abre en la página que corresponde al total calculado y se concentra en la primera palabra de la página, o incluso en la imagen de la acción en el primer párrafo, y tú puedes leer su mente.

El secreto: Tú has memorizado con anticipación la primera palabra o párrafo de la página. ¿Y cómo

Verdades de la magia, parte 11.
Distánciate de la predicción

En el truco "Divide y vencerás" sugerí que sacaras tu predicción de un lugar de difícil acceso, como tu zapato. Existe una buena razón para guardar tu predicción en un lugar escondido, distante o sellado. Lo creas o no, si la predicción estuviera más al alcance de la mano, te acusarían de hacer la predicción después de saber qué escribir.

Por ejemplo, supón que presentas el juego "Divide y vencerás" y terminas con el CD de Electric Light Orchestra. Si te limitas a sacar un papel de tu bolsillo del pantalón con el nombre del CD escrito, algún gracioso del público gritará "¡Escribiste Electric Light Orchestra con la mano en el bolsillo!".

No entraremos en detalles de por qué a personas con semejantes teorías improbables se les permite deambular libremente por las calles, e incluso asistir a espectáculos de magia. Baste decir que semejantes exclamaciones ridículas debilitan el impacto del clímax de tu truco, a pesar de ser absurdas.

La solución es evitar el problema por completo, eliminando cualquier atisbo de duda. Cuando hagas un truco de predicción, guárdala en un lugar completamente inaccesible para ti, y preferiblemente que esté a la vista de todos durante el truco. En un restaurante, pon la predicción bajo el azucarero, en la mesa de al lado. Claro, en una mesa desocupada. Un sobre cerrado siempre funciona (por ejemplo, bajo el asiento de tu acompañante o bajo el mantel, dentro de tu zapato o de tu calcetín son siempre buenos lugares).

Bueno, ya entiendes el mensaje: no eches a perder la maestría de tu presentación dejando la puerta abierta a teorías de un espectador desconfiado.

sabes qué página memorizar? Fácil: arrancas las esquinas con los números de página de una sección de periódico, apareados de forma que la suma de las cuatro esquinas dé siempre el mismo resultado.

Antes de comenzar, consigue un periódico con las características explicadas. Un periódico con formato DIN-A5 es ideal. Si el periódico que encuentras es tamaño estándar, entonces usa sólo una sección. Pero trata de encontrar un DIN-A5, ya que si usas sólo una sección, el misterio de la presentación se reduce.

Cómo saber si tu periódico se adapta a este truco:

✔ Si el número total de páginas es divisible entre cuatro, el periódico o sección es el adecuado, con cuatro páginas impresas en un pliego doble. El periódico ilustrado en el lado izquierdo del dibujo A de la figura 10-4 muestra este agradable escenario. Si es tu caso, puedes saltarte los siguientes tres párrafos.

✔ Si el número total de páginas es par, pero no es divisible entre cuatro (por ejemplo 62), tienes un periódico poco común. Probablemente hay una hoja suelta dentro, que no es un pliego completo doblado por la mitad como las demás. El periódico ilustrado en el lado derecho del dibujo A de la figura 10-4 muestra este problema. Si éste es tu caso, continúa leyendo.

✔ Si la hoja suelta está exactamente en el centro, estás de suerte. Retira esa hoja y estás listo para comenzar tu acto.

✔ Si por mala suerte te tocó un periódico con una hoja suelta en un lugar fuera del centro, cosa que los editores de periódicos detestan, signi-

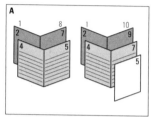

fica que tuvieron que incluir noticias de última
hora cuando ya habían impreso el periódico;
¡mala suerte! Como este diario arruina las matemáticas necesarias para el truco, deséchalo, y
vuelve a tu quiosco y compra una publicación
más mágica.

Finalmente, tras una exhaustiva búsqueda, ya tienes
tu diario. Suma los números de página de ambos
lados del pliego. Por ejemplo, si usas el periódico
del lado izquierdo del dibujo A de la figura 10-4, la
suma de 1 + 2 + 7 + 8 (que corresponden a las cuatro
páginas del pliego) es 18. (La clave del truco es que la
suma de números de página de todos los pliegos sea
18, sin importar de qué pliego se trate.)

Si usas el periódico del lado derecho del dibujo A de
la figura 10-4, la suma de 1 + 2 + 9 + 10 da 22.

Reúne tres libros. Si son de tu biblioteca personal, bien.
Si estás presentándote en casa de alguien más, cógelos
de su biblioteca. Escoge uno, digamos *Moby Dick*, y
busca la página de la suma calculada con anticipación.
Memoriza la primera palabra de esa página. Si encuentras un libro cuyo primer párrafo tenga una acción

interesante, mejor aún. En lugar de simplemente anunciar una palabra, podrás terminar el truco dibujando la acción, lo cual causa aún más desconcierto.

En las instrucciones para realizar este truco, te mostraré cómo manipular la acción para que tu voluntario "escoja" el libro cuya palabra o imagen has memorizado. Conforme te familiarizas con el truco, considera memorizar la primera palabra o acción del párrafo de los tres libros. De esta forma, no tendrás que batallar con la técnica de la selección del mago, descrita en el paso 5, y podrás seguir adelante con la revelación espectacular sin importar cuál sea el libro elegido.

Coloca los libros entre el público y tú, en una mesa auxiliar. Estás listo para comenzar.

1. **Presenta tu material de lectura**

   "La industria editorial es graciosa", puede ser tu introducción. "Diariamente, derribamos miles de árboles para alimentar nuestra hambre de material de lectura. Pero, ¡observen el contraste entre los productos! Por una parte, tenemos periódicos diarios: económicos, rápidos y desechables. Nadie me consideraría un vándalo si hago pedazos el periódico".

2. **Abre el periódico por sus páginas centrales. Arranca, de un solo movimiento, las esquinas superiores de cada lado, donde se encuentran los números de las páginas.**

   Forma dos pilas con las esquinas arrancadas, una para cada lado del periódico de donde las arrancaste.

"Pero si comenzara a arrancar esquinas de estos libros", toma uno, ábrelo y haz ver que vas a arrancar una esquina para luego detenerte, "obviamente, me echarían de aquí de inmediato".

Llama a un voluntario del público; salúdalo. "Te diré lo que haremos. Aquí tengo todos los números de las páginas que he arrancado del periódico. Voy a recorrer mis pilas de esquinas. Tú sólo tienes que decirme cuándo parar, diciendo '¡alto!'. No sientas presión, sólo dime que pare cuando tú quieras".

3. Comienza tomando dos esquinas a la vez, una de cada pila en cada mano y arrójalas al aire. Repite esto hasta que el voluntario te diga que pares.

La foto B ilustra esta acción. Cada vez que tomes las esquinas de encima en cada pila, arrójalas al aire, toma las que siguen de cada pila y repite la acción hasta que tu voluntario diga: "¡Alto!".

4. Cuando te digan que pares, dale a tu voluntario las esquinas que tienes en la mano. Pídele que sume los cuatro números de página.

"¿Me paro? Puedo seguir, si quieres. ¿No? Muy bien, aquí tienes, las puedes guardar como recuerdo. Pero antes de que te las firme y las enmarques, suma los números de las páginas. Suma todos los números, creo que son cuatro números, por lado y lado. Súmalos todos y avísame cuando tengas el resultado".

Ofrécele a tu voluntario una calculadora o lápiz y papel. Lo último que quieres es que un voluntario que no sepa sumar arruine el truco.

5. Deja que el voluntario "escoja" un libro, usando la selección del mago.

¡Ah, la selección del mago! Esta pequeña artimaña ha estado al servicio de los magos desde... desde que el primer vendedor de camellos se deshizo del camello más perezoso y pulgoso, vendiéndoselo a un tipo rico e iluso.

Aunque no la llames por su nombre, la selección del mago es una técnica usada por empresas, padres e incluso en el Congreso: te ofrecen lo que parece ser libertad de escoger, pero manipulan el juego para que escojas lo que quiere el mago.

"Encontré estas obras clásicas en la estantería de nuestro anfitrión", dices, apuntando a los tres libros que dejaste en la mesa. "¿Me pasas dos de ellos?".

En los siguientes 10 segundos, la acción puede tomar varios rumbos. Si el voluntario te entrega los dos libros que no son *Moby Dick*, todo va bien. "Excelente, toma el libro que queda y no dejes que me acerque a él". Ve directamente al paso 6.

Si uno de los libros que te dio tu voluntario *es* tu libro objetivo, continúa tu juego sin perder el paso. Muestra los dos libros que te dio. "Muchas gracias. Bien, ahora, escoge uno de estos libros...".

Si tu voluntario escoge *Moby Dick*, termina tu parlamento con: "...y cuídalo bien para que no vea el contenido". Retira del juego el libro que quedó en tu mano, como si tu intención desde un principio hubiera sido eliminarlo.

Pero si tu voluntario toma el otro libro, dejándote con *Moby Dick*, acaba diciendo: "...y me queda un libro muy especial. Mira, escogiste la mejor historia de pesca del mundo, *Moby Dick*".

Como puedes ver, la selección del mago incluye una serie de ramificaciones en el camino. La idea es que pienses rápidamente, fingiendo que todo marcha según un plan establecido.

(Aunque me alegro de que hayas aprendido la selección del mago, recuerda que el truco funciona aún mejor si no tienes que hacer esta artimaña, lo cual es el caso cuando memorizas las tres primeras palabras o escenas de los tres libros.)

6. **Pídele a tu voluntario que abra el libro en la página del número que obtuvo como resultado.**

"Ahora quiero que abras el libro en cierta página, la página con el número que obtuviste de la suma de los números del periódico. Cuando llegues a esa página, concéntrate en la primera palabra de la página. Repite esa palabra mentalmente".

Ahora bien, si te interesa la versión paranormal de la prueba del libro, lo que debes decir es: "Cuando llegues a esa página, lee el primer párrafo. Visualiza la imagen de lo que sucede en la historia. Imagínate la escena".

7. **Coge un cuaderno y un rotulador grueso. Sostenlos de forma que el público no pueda ver lo que garabateas, y dibuja tu "impresión mental".**

"La idea es que yo perciba tu pensamiento", debes decir. "Intenta bloquear todo pensamiento, excepto esa palabra (o "excepto esa escena de la historia")".

Escribe la palabra en tu cuaderno, o haz un dibujo sencillo de la escena. (El asunto del dibujo funciona especialmente bien, si es la escena que ilustra a un maniático capitán de barco atacando a una enorme ballena blanca.)

8. **Pídele a tu voluntario que diga la palabra pensada (o que lea el párrafo).**

"Muy bien, ya tengo mi predicción". Baja el marcador y sostén el cuaderno contra tu pecho, para que nadie pueda ver su contenido.

"Ahora, dinos: ¿en qué palabra te has concentrado?". (O di: "Ahora, léenos el párrafo al que has llegado".)

Muestra una gran sonrisa. Pon cara de alivio. "¿Saben? Estoy mejorando en esto. Obtuve exactamente esa impresión gracias a tus poderes superiores de concentración. ¡Vean esto!".

Muestra al público tu cuaderno, ¡causarás un gran impacto!

La gran predicción vegetal

Lamentablemente, hay pocos trucos que incluyan verduras y otros vegetales. Es una pena; seríamos más sanos y fuertes si nuestras diversiones incluyeran frutas y verduras.

El siguiente truco es el favorito de varios vegetarianos y de uno de los consejeros de nuestro panteón:

Johnny Thompson. ¡Inténtalo en tu próxima salida al campo!

El efecto: Coloca una caja sellada sobre la mesa delante de ti. Pide al público que adivine el nombre del vegetal que está guardado ahí. Escribe las respuestas del público y échalas en una bolsa de papel. Cuando tengas suficientes, pídele a un miembro del público que saque un papel al azar. De manera increíble, cuando abres la caja sellada, ¡dentro guardas la verdura cuyo nombre estaba escrito en el papel!

El secreto: Escribe el mismo nombre en cada papel que eches a la bolsa. Incluso una verdura puede predecir el éxito del truco.

Antes de comenzar, coloca un vegetal bastante común en tu cajita. También puedes usar frutas, en vez de vegetales. Puedes hacer ciertas variaciones: usa una bolsa opaca sellada en vez de una caja, o un tazón para los papelitos. ¡Despierta tu creatividad!

Supongamos que para este ejemplo has escogido un plátano. Sí, ya sé que no es una verdura, pero es todo lo que tenía disponible en el momento de hacer las fotos. No escojas algo exótico. De lo contrario, nadie dirá el nombre de lo que tienes en la caja y harás un ridículo espantoso. Cierra la caja de tal forma que nadie vea su contenido.

Consigue una hoja de papel cortada a tiras, un marcador y una bolsa de papel para guardar las respuestas del público.

1. **Pídele al público nombres de verduras (o frutas).**

"Damas y caballeros, voy a necesitar su colaboración para este pequeño milagro. Necesito que me digan nombres de frutas. ¿Pueden decirme alguna?".

2. **Cuando algún miembro del público grite un nombre, escribe plátano (o el nombre de tu fruta predeterminada) en el pedazo de papel. Dóblalo y métalo en la bolsa de papel.**

"¿Manzana? Muy bien, echamos una manzana en la ensalada de frutas. ¿Otro nombre?".

3. **Continúa pidiendo nombres, y escribe *plátano* en todas las tiras de papel. Dóblalas y deposítalas en la bolsa.**

Podrás ayudar a tu causa si haces comentarios sutiles sobre la forma de escribir el nombre del vegetal o verdura: "¿Sandía? ¿De verdad crees que cabe una sandía en esta cajita? ¡No soy tan buen mago!", o "Zanahoria, ¿lleva *h*, cierto? ¿Después de la *a*? ¿La zanahoria es una fruta?".

En pocas palabras, actúa como si realmente estuvieras escribiendo lo que te dicen. Haz chistes con lo que digan:

- Oye, ésa es buena. ¿Tienes un puesto de frutas en el mercado?

- Tantas frutas me han despertado el apetito. Me apetece... ¡una jugosa hamburguesa!

- ¿Berenjena? ¿Realmente eso se come?

- Lentejas. No, no. Hemos dicho verduras, no legumbres.

Otra forma truculenta de distracción: si alguien dice algo que pueda tener una ortografía confusa —digamos, "zanahoria"—, escribe el nombre de verdad y pide que te aclaren la ortografía. Haz correcciones y tachaduras de manera que acabes arrugando el papel y tirándolo (claro, hacia donde el público lo pueda ver). Comienzas de nuevo con una tira de papel en blanco y esta vez, por supuesto, escribes "plátano".

Cuando hayas escrito suficientes papeles, y una vez que alguien haya dicho, en efecto, "plátano", es hora de guardar el papelito.

"Muy bien, ya debemos tener suficientes opciones, y tanta fruta como para preparar una macedonia".

Mueve bien la bolsa, e invita a un miembro del público a seleccionar un papelito (foto A de la figura 10-5).

4. **Presenta la caja o la bolsa cerrada con la fruta.**

"La mayoría de los magos hacen predicciones escribiendo el resultado. Yo no, yo voy al mercado y compro el objeto de la predicción. Obviamente, no puedo saber lo que has escogido, pero abre la caja y muéstrales a todos qué tal lo he hecho".

El espectador abre la caja y muestra tu acierto (foto B): un plátano, por supuesto.

Figura 10-5:
Un voluntario escoge una fruta (A). Tú sacas la fruta correcta (B)

"Desde que aprendí este truco ya no hago listas de la compra, ¡simplemente leo la mente de mi esposa!".

Truco telefónico: llama al Fantasma

La belleza de este truco es su absoluta simplicidad. No necesitas papeles, planificación ni memorizar nada. Sólo tienes que hacer una llamada telefónica y darás la impresión de que puedes transmitir tu pensamiento de forma inalámbrica.

Necesitas un amigo cómplice que esté al tanto del truco y a quien deberás llamar por teléfono. Cuando inicies la llamada diciendo "¿el Fantasma está en casa?", tu amigo al otro lado de la línea sabrá que tiene que ponerse manos a la obra.

El efecto: Se escoge una carta. Haces una llamada telefónica a alguien llamado el Fantasma, quien acierta al nombrar la carta escogida.

El secreto: En cuanto tu amigo sepa que eres tú quien llama, comienza a decir los palos de la baraja. Tú le interrumpes en el momento apropiado y con ello le indicas que repita el proceso, ahora con los números de las cartas.

1. **Pídele a un voluntario que escoja una carta.**

   "Es increíble lo que los grandes magos pueden hacer. Un maestro mío, llamado el Fantasma, es sorprendente. Puede leer tu mente a la distancia,

¡por teléfono! Los magos que tenemos la suerte de conocerlo podemos llamarlo y adivina lo que estamos pensando. Lo mejor de todo es que no nos cobra, aunque se desquita cuando jugamos al póquer de magos. ¿Quieren hacer el experimento? Bien, ¡vamos a llamarlo!". Invita a un voluntario a que pase a ayudarte. Extiende una baraja bien mezclada y pídele a tu voluntario que seleccione una carta al azar y te la muestre.

2. **Marca el teléfono de tu amigo. Pregunta por el Fantasma.**

"Hola, ¿está el Fantasma?".

Tal como lo han ensayado, tu cómplice del otro lado de la línea reconoce que eres tú con la señal secreta para iniciar el truco.

Cuando tu amigo escuche esta frase, comenzará lentamente a recitar los palos de la baraja (y sólo tú lo puedes escuchar): "Tréboles. Corazones. Diamantes. Espadas".

Todo lo que tienes que hacer es interrumpirlo una vez que diga el palo acertado. Di: "Sí claro, aquí le espero".

Ahora tu amigo ya sabe el palo, y comienza a decir números: "As, dos, tres, cuatro, cinco...", y así sucesivamente. Una vez más, señalas el número con una interrupción. Esta vez dices: "Hola, ¿eres tú, el Fantasma?".

Eso es todo. Ahora, él sabe cuál es la carta.

Ponlo en altavoz (actúa como si se te acabara de ocurrir la posibilidad de hacer eso). Si el teléfono no tiene altavoz, pásale el teléfono a tu voluntario y susurra a su oído: "¡Pregúntale cuál es la carta que has escogido!".

Cuando lo haga, casi se desmayará al escuchar la voz grave y profunda del Fantasma, diciendo cuál es su carta. Es aterrador.

Capítulo 11

Histeria colectiva

- -

En este capítulo

▶ Magia de salón

▶ Magia con grupos de personas

▶ Magia en grande

- -

*L*a mayoría de los trucos en los capítulos anteriores encajan en la categoría de *magia de cerca* o *micromagia*, que implica tener al espectador cerca, ya sea en la misma mesa o en la misma fila de espera. Pero no todos los trucos son apropiados para este tipo de presentación. Por ejemplo, nadie ejecutaría el truco de la guillotina ardiente mientras su público se come el postre en un restaurante. Y no sólo por el hecho de que la parafernalia que se necesitaría para hacerlo requiere espacio, sino porque probablemente te expulsarían del lugar.

Esas ilusiones a gran escala, como las que puedes ver en televisión, que requieren enormes baúles hechos por encargo, se catalogan como *magia de escena*. (En este libro no figura ningún truco de ese tipo, pues supuse que las probabilidades de que alguien tenga un baúl de acrílico en casa, y también tramoya y diversos útiles, son escasas.)

Entre esas dos categorías, hay un feliz punto medio conocido como *magia de salón*: trucos del tamaño adecuado para ejecutarse en un salón o en un patio o jardín. En este tipo de magia, el público por lo general está sentado frente a ti y tú estás de pie. (La línea divisoria entre las categorías de magia no es clara y hay grandes áreas grises: por ejemplo, los trucos de mentalismo pueden formar parte de una rutina de magia de cerca, o representarse en un salón o en un escenario. A pesar de lo anterior, los términos para denominar las categorías resultan útiles para describir la escala de la presentación y para que un mago defina su "campo de acción" preferido.)

La magia de salón es el tema de este capítulo, con trucos que pueden hacer las delicias de un grupo de gente no muy numeroso (lo suficiente para llenar un salón). Por eso, están diseñados para ejecutarse frente a un público y requieren la participación de los espectadores, con humor y diversión.

El papel higiénico irrompible

Por supuesto, todos sabemos que los magos son capaces de romper billetes, corbatas, periódicos, y volverlos luego a su estado original. Eso ya es cuento viejo, y por eso no vale la pena perder el tiempo con esas cosas. Pero si vas a una fiesta a desgarrar cuadritos de papel higiénico, puedes estar seguro de que los demás asistentes hablarán del asunto durante los días siguientes. Eso es lo que harás en este truco, uno de los preferidos de nuestro consejero Chris Broughton.

El efecto: Le entregas un cuadrito de papel higiénico a cada uno de los asistentes a la fiesta. Les das instrucciones de romperlo o desmenuzarlo en mil pedacitos, y haces lo mismo con el tuyo. Les muestras cómo frotar la bolita resultante con el codo, para volverlo a su estado original. Pero al final, sólo el tuyo vuelve a estar entero, y la incipiente carrera de magos de los demás naufraga, pues sólo se quedan con una triste bolita de pelusa de papel, y un renovado respeto por tus habilidades como mago.

El secreto: Mientras estás en el baño, consiguiendo el rollo de papel, toma un cuadrito, hazlo una bola y ocúltala tras tu oreja derecha. El resto del truco es un asunto de distracción y de una manipulación adecuada.

1. Ve al baño y vuelve con el rollo de papel higiénico.

Si me lo preguntan, la oportunidad de desfilar por una fiesta con un rollo de papel higiénico en la mano, para luego convencer a los asistentes de que tienes poderes mágicos, bien compensa el precio que has pagado por este libro.

En cualquier caso, no salgas del baño antes de haber ocultado tras tu oreja derecha un cuadrito de papel amasado en forma de bola. No te pongas nervioso por la posibilidad de que alguien lo vea. Cuando le hayas dado a cada quien su cuadrito, estarán más pendientes de sus propios avances que de lo que tú puedas ocultar.

2. Distribuye cuadritos de papel entre todos los asistentes (foto A de la figura 11-1).

Puedes ir de uno en uno entregando cuadritos, o simplemente pedir que hagan circular el rollo y que cada uno tome su cuadro (tú también, por supuesto).

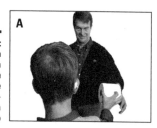
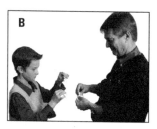

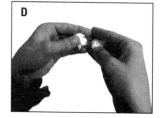

Figura 11-1: Entra en escena en la fiesta con un cuadrito de papel higiénico tras la oreja (foto A, visto desde atrás). Desmenuza el papel (B). Mientras frotas la bolita contra tu codo, extrae el cuadrito que ocultas tras la oreja (C, visto desde atrás). Intercambia las bolitas (D) y luego deja caer la de papel desmenuzado por el cuello de tu camisa (E). Por último, desdoblas tu obra de magia: el cuadrito intacto (F)

"¿Quién quiere participar? ¿Quién quiere participar?", no necesitas decir más mientras circula el rollo de papel. Créeme: todos tienen su atención centrada en ti.

3. Da instrucciones para que tus amigos desmenucen el cuadrito de papel.

Puedes seguir diciendo: "Lo que vamos a hacer es un pequeño experimento de física de partículas. Pero antes que nada, vamos a necesitar unas cuantas partículas. Así que lo que haremos será romper este cuadrito por la mitad, de esta manera. A ver, ahora háganlo ustedes".

Rasga el cuadrito por la mitad, junta las dos tiras y vuelve a rasgarlas por la mitad, y tendrás cuatro trozos. Continúa rasgando el cuadrito en pedazos cada vez más pequeños.

"Bien. Ahora rómpanlo en cuartos. Luego en octavos. ¿Alguien puede romperlo en dieciseisavos?" (ver foto B).

4. **Amasa los trocitos en una bola apretada.**

"Ahora, amasen los trocitos en una bola compacta, así. Y aquí es donde la ciencia entra en juego".

5. **Con la mano izquierda, presiona la bolita contra tu codo derecho, y comienza a frotarla en círculos.**

"Lo que hemos hecho ha sido comprimir los trocitos, pero también podemos agilizar el proceso con otras formas de compresión. Si frotan la bolita contra su codo, así, las moléculas del papel desmenuzado empiezan a adherirse entre sí. ¡Caramba! Este material es realmente suave. Frótenlo, trazando círculos, así".

6. **Mientras examinas tu codo, tu mano derecha se echa hacia atrás y puedes tomar la bolita de papel oculta tras tu oreja, como se ilustra en la foto C.**

La belleza del asunto de frotar la bolita en el codo es que el público está distraído en dos aspectos. El primero, están pendientes de frotar su bolita. El segundo, si alguien llegara a mirarte, te verá frotando la bolita contra tu codo, y nada más.

7. **Junta las manos, como si fueras a comprimir más la bolita que has estado frotando contra tu codo (foto D). Manipula las dos bolitas como si fueran una sola.**

Aquí hay un motivo perfecto para justificar el hecho de que juntes las manos: "Si notan que la bolita se deshace, hagan una pausa para apretarla nuevamente, y sigan frotando", y finge que comprimes la bolita con ambas manos.

A pesar de que temas que este intercambio pueda notarse, tus manos lo ocultan por completo. Además, como ya he dicho antes, tus espectadores estarán completamente absortos en su propio progreso.

Tus acciones parecen decir: "Aquí no hay nada que ver. Sólo mis dedos".

8. **En el proceso de comprimir más la bolita, intercambia la de la mano derecha con la de la mano izquierda.**

La mejor manera de hacer esto consiste en rotar la bolita doble a medida que la manipulas, de manera que la que contiene el cuadro desmenuzado quede en tu mano derecha.

Cuando lo consigas, debes tener una bolita de papel desmenuzado en la mano derecha, y una de un cuadrito intacto en la izquierda.

9. **Vuélvela a frotar contra el codo derecho (con tu mano izquierda). Mientras tanto, deja caer la bolita que tienes en la mano derecha por dentro del cuello de tu camisa (foto E).**

Tal vez recuerdas este método para deshacerse de objetos pequeños, que ya mencioné en el capítulo 3 (en el truco de la desaparición de una moneda). Al igual que en ese truco, tu mano derecha está en la posición perfecta, gracias al codo levantado y flexionado.

"¿Notan algo?", atrae la atención de todos los presentes y compórtate como un líder. Empieza a entusiasmarte. "Puede que sientan que el papel empieza a cambiar de textura. O quizás que se calienta un poco. Es hora de que vayamos más lentamente, más y más despacio. Y creo que podemos ver si lo logramos".

10. **Toma la bolita que frotas contra tu codo y, con mucho cuidado, despliégala hasta mostrar que es un cuadrito intacto (foto F).**

"Y si todo ha salido como se esperaba, deben ver que la maravilla de la física de partículas ha operado para unir los bordes rasgados. Estos movimientos deben terminar en un cuadrito de papel higiénico entero y listo para usarse".

Puedes desplegar el cuadrito con los dedos extendidos, en el aire, para que todos los asistentes puedan ver que no ocultas nada.

Los demás estarán ocupados desplegando la bolita de papel desmenuzado, que definitivamente no ha vuelto a su estado natural. Finge que te sorprendes.

"¡Qué extraño! A mí me ha funcionado. A lo mejor ustedes no lo han frotado lo suficiente. Les propongo una cosa: llévense la bolita a casa y, cuando tengan un momento libre, vuélvanla a frotar. De repente tendrán el papel entero".

Prueba de fuerza

A finales del siglo XIX, LuLu Hearst, una jovencita que se llamaba a sí misma "la maravilla de Georgia", viajó por todo Estados Unidos ejecutando un acto bastante poco común. Hacía increíbles demostraciones de fuerza. Una vez tras otra conseguía superar a todos sus contrincantes, fueran hombres o mujeres. Se convirtió en toda una celebridad y llegó a ganar una fortuna en apenas una semana. Incluso se le acusó de haber provocado un terremoto en 1884.

Los científicos del Instituto Naval del Smithsonian la sometieron a pruebas y concluyeron que su fama era real. No tenían idea, ni los científicos ni los forzudos contrincantes, de que en realidad lo que hacía era utilizar los principios de la magia y la psicología para engañar a las multitudes.

A continuación encontrarás una demostración de fuerza como las de LuLu Hearst. En realidad, no encierra ningún secreto, a no ser por los pequeños misterios y recovecos de la física de Isaac Newton.

El efecto: De pie frente a una pared, apoyas los brazos contra ésta, de manera que te inclinas un poco. Retas a los demás presentes a que te aplasten contra la pared. No importa cuántas personas se coloquen detrás de ti para intentarlo, ni con cuánta fuerza lo hagan, seguirás a la misma distancia de la pared (ver la figura 11-2).

El secreto: No hay ningún secreto. Debido a un recoveco en las leyes de la física, no sentirás más que la fuerza de una sola persona que te empuja contra el muro, y esa presión la puedes resistir. Si el salón

Figura 11-2:
No importa
cuántas
personas
te empujen.
¡Eres más
fuerte que
todas juntas!

fuera lo suficientemente grande, podrías tener a diez
mil personas en fila india tras de ti, empujando en
una gran cadena, pero para cuando el empuje llegara
a ti, ya se habría disipado.

1. Busca una pared firme.

Una pared de ladrillo es más que suficiente. Evita
las que son de tabiques o paneles de madera o de
materiales que no forman parte de los tabiques de
la casa.

Puedes plantear el reto de la siguiente manera: "A
ver, a ver. ¿Saben que en la oficina (o la escuela o
lo que sea) nos tienen trabajando a un ritmo de
locura? Casi como los esclavos que construye-
ron las pirámides de Egipto, o los que tenían que
remar en las galeras o en los barcos vikingos. La
única ventaja de trabajar así es que fortalece los
músculos. Puede ser que no lo crean al verme,
pero de un tiempo a esta parte me he vuelto muy
fuerte. Hagamos una apuesta: apuesto a que soy

más fuerte que todos ustedes juntos. Vengan y se los demuestro", y si acompañas estas palabras con un gesto como arremangarte la camisa, le darás más énfasis.

2. **Colócate frente a la pared. Pon las manos sobre ésta, con los brazos estirados, las palmas planas y los dedos apuntando hacia arriba.**

Puedes adelantar una de las piernas para darte un apoyo en contra del empuje de los demás.

"Muy bien. Estoy preparado. Hagan una fila detrás de mí, todos. Juan, pon las manos en mi espalda y prepárate para empujar. Susana, colócate detrás de Juan y toma la misma posición que él. Vamos a hacer una cadena de músculos".

Ten cuidado al escoger a la persona que estará justo detrás de ti, ya que es la única cuya fuerza deberás soportar. Procura no escoger a un debilucho, pero tampoco al más fortachón de los asistentes.

"Y aquí viene el momento de la verdad: cuando diga 'ya', empujen para intentar que doble los brazos contra la pared. Lo crean o no, soy más fuerte que todos ustedes juntos".

(Si alguien te recuerda que hay una apuesta de por medio y quiere saber qué obtendrán ellos si ganan, mira a esa persona con ironía y dile: "Obtendrás la satisfacción de verme aplastado contra la pared".)

3. **Diles que empujen contra la pared (ver la figura 11-2).**

"Cuando diga 'tres', empujen. A la una, a las dos, ¡a las tres!".

Aunque parezca increíble, no importa cuántas personas intenten aplastarte contra la pared; no podrán hacerlo. La ley de la inercia, en el artículo 7 del capítulo XI, proclama que nadie puede transmitir más fuerza de la que es capaz de crear.

Deja que se esfuercen durante unos 20 segundos, o tanto como te sientas capaz de soportar, y luego grita: "Ya está bien. Paren, ¡todos!".

Haz el ademán de sacudirte el polvo de las manos, límpiate la frente, y sonríe. "Me encantaría decirles que podría intentar levantarlos a todos con una sola mano, pero tengo que mantenerme en forma para ir a trabajar mañana".

La foto fantasma

A medida que progresas como mago de salón, te vas ganando el derecho a ciertas ventajas, como la opción de ejecutar los trucos de pie ante un público sentado, y el derecho a usar una mesa. Estas condiciones son necesarias para este truco, creación del consejero George Schindler.

El efecto: Desmontas un marco de foto, mostrando cada pieza por separado (la parte trasera, de cartón o madera, el vidrio, y el marco en sí). Todo parece completamente normal. Montas nuevamente el marco y lo cubres con un pañuelo.

Luego, le das a escoger a un voluntario una entre cinco fotos de celebridades. Curiosamente, cuando descubres el marco, te das cuenta de que no está vacío, sino que contiene la foto de la estrella escogida.

El secreto: Al mostrar las piezas del marco, debes mostrar primero el panel trasero, y ponerlo en la mesa, bocabajo, justo sobre una foto con unas tiras de cinta adhesiva de doble cara. Y así es como la foto llega al marco.

¿Y cómo sabes cuál será la foto escogida? Fácil: para eso usas la técnica de la selección del mago. En otras palabras, fuerzas la selección.

Para este truco necesitas algunos elementos:

✔ Un marco que pueda desmontarse y quedar en tres piezas: el marco, el vidrio, y el panel trasero con su soporte o pata.

✔ Cinta adhesiva de doble cara.

✔ Un pañuelo o servilleta de tela. También puede utilizarse un trapo de cocina.

✔ Fotos de cinco celebridades. (Una recomendación: puedes facilitarte mucho los siguientes pasos si entre estas fotos incluyes la de una estrella muy famosa, estilo Tom Cruise o Harrison Ford, y las cuatro restantes de personajes menos conocidos.) Las fotos deben tener el tamaño adecuado para el marco. Para manipularlas con más facilidad, pega cada una a una lámina de cartulina del mismo tamaño.

¿Y de dónde se supone que vas a sacar esas fotos? ¿Tendrás que viajar a Hollywood y buscar en tiendas y restaurantes de moda para sacarlas? No. Basta con recortarlas de revistas (he usado la revista *People*).

Propósito: las fotos de estrellas dan un toque atractivo a este truco, y permiten una buena cantidad de comentarios graciosos sobre películas que fracasaron y carreras fallidas. Lo más bonito del truco es que es muy flexible, y puedes sustituir las fotos de celebridades por otras según la ocasión. Si lo estás realizando ante jóvenes, puedes elegir a cinco estrellas del rock. Si tu público son personas que no salen mucho ni están muy enteradas de los ires y venires de la farándula, puedes usar cinco cartas (las amplías en una fotocopiadora). Si vas a presentarte en un encuentro profesional, usa metas de la compañía, etc.

✔ Un duplicado de la foto de la estrella más conocida de las cinco que tienes.

Pon la foto duplicada bocabajo sobre la mesa, con tiras de cinta adhesiva en las esquinas. Más adelante, en la ejecución del truco, colocarás el panel trasero del marco directamente sobre la foto encintada, con lo cual quedará adherida y entrará bajo el vidrio y dentro del marco una vez que lo montes todo de nuevo.

El montaje de la foto bocabajo y con cinta adhesiva va a estar sobre la mesa desde el comienzo del truco, y el público no debe estar en posición de verlo. Por esa razón, no es un truco que puedas ejecutar durante una cena, o a la distancia de los trucos de magia de cerca. A continuación, enumero las razones por las cuales la foto queda fuera de la vista del público:

✔ Si la mirada de los espectadores está por debajo del nivel de la superficie de la mesa. Esa condición se da, por ejemplo, si estás en un escenario o sobre una plataforma, o si haces el truco ante un grupo de niños, que suelen estar sentados en el suelo.

✔ Si pones una caja para tus objetos de magia sobre la mesa. En ese caso, la foto puede colocarse detrás de la caja, y así queda oculta de la mirada del público.

✔ Si tienes todo tipo de parafernalia en la mesa, de modo que un rectángulo de cartón no va a llamar la atención. Además, nadie sabe qué es lo que vas a hacer, y por eso no ven nada sospechoso en ese trozo de cartón sobre la mesa.

Ya tienes preparados los útiles del truco. Ya has practicado los movimientos y la plática. Ya te has aprendido de memoria los nombres de los personajes de las fotos. Ha llegado el momento de que empiece la función.

1. **Muestra el marco.**

   "El otro día estaba leyendo sobre la fotografía del futuro. Dicen que dentro de unos años tendremos únicamente fotos digitales, y que las exhibiremos en pantallas dispuestas en las paredes", puede ser el inicio de tu plática.

   "Pues resulta que he estado experimentando con algo aún mejor. Éste es el equipo que se necesita. El prototipo fue muy caro. Probablemente ustedes no pueden ver los detalles electrónicos, y en realidad parece un marco común y corriente".

2. **Desmonta el marco en sus tres piezas.**

Vas a mostrar cada uno de los tres componentes por separado, por delante y por detrás (foto A de la figura 11-3). Comienza por el panel trasero. "Por un lado tenemos el panel trasero…".

3. **Después de mostrar el panel trasero, deposítalo bocabajo (sujétalo del soporte o pata) justo sobre**

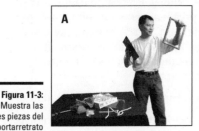 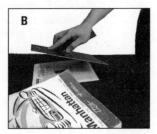

Figura 11-3: Muestra las tres piezas del portarretrato por separado (A), y luego coloca el panel trasero sobre la foto que tienes preparada (B). Cuando montes de nuevo el marco, ponlo de manera que el público no vea la foto, sino que mire hacia ti (C). Lleva a cabo la selección del mago (D) y por último levanta el pañuelo que cubre la foto enmarcada (E)

la foto duplicada y con cinta adhesiva que tienes sobre la mesa (foto B).

Y eso ha sido todo. Acabas de instalar la foto duplicada (supongamos que de Tom Cruise) en el panel trasero del marco.

Si consigues que la foto esté centrada y recta, fantástico. Pero no es crucial. Un tris de irregularidad no representa un problema si te permite mantener la acción en movimiento. Desde el punto de vista del público, lo que has hecho ha sido depositar el panel trasero en la mesa para poder mostrar la siguiente pieza del marco.

4. **Muestra el vidrio y, por último, el marco vacío.**

   "… una lámina de vidrio translúcido" (que colocas sobre la mesa, separada del panel trasero) "y, por último, el marco en sí".

   Coloca el marco. Hazle un guiño cómplice al público: "Los componentes electrónicos están escondidos en el vidrio", puedes decir.

5. **Vuelve a ensamblar el portarretrato, de manera que la foto quede apuntando hacia ti, y que el público lo vea por detrás (foto C).**

   Empieza por poner el vidrio dentro del marco. Luego, toma el panel trasero, que ahora tiene la foto de Tom Cruise pegada. Y aquí viene el movimiento crucial: al levantarlo y colocarlo dentro del marco, no lo pongas de frente al público (pues vería la foto).

   Hacerlo de esta manera no resulta sospechoso, ya que los broches o pasadores que lo mantienen en su lugar sólo pueden verse desde detrás. El público supondrá que tienes el marco girado hacia ti para así poder mostrar la maniobra de montaje y ajuste.

"Por lo general, este nuevo sistema de fotografía digital requiere la visita de un técnico certificado que lo instale. Montarlo es un proceso muy complejo, como pueden ver. Afortunadamente, he recibido formación suficiente", puedes decir mientras montas el marco. "Ya está".

En este punto, debes tener el marco montado, sobre la mesa, girado hacia ti, y con Tom muy orondo y sonriente.

"Ahora, permítanme poner la cubierta protectora, para que no caiga polvo sobre los delicados componentes electrónicos". Toma la servilleta o el pañuelo y muéstralo por ambos lados.

6. **Cubre el marco con el pañuelo y luego vuélvelo para que el público lo vea al derecho.**

   Al fin, Tom Cruise está delante del público, pero cubierto por el pañuelo.

7. **Muestra las cinco fotos de celebridades. Haz uso de la capacidad del mago para obligar a que el voluntario escoja la foto de Tom Cruise (foto D).**

   Si leíste el capítulo 10, que trata de los trucos de mentalismo, ya sabes lo que es la selección del mago. Es una artimaña bastante antigua, en la que uno ofrece varias alternativas a un voluntario. Tras un proceso de eliminación que uno controla, obligas al voluntario a escoger una alternativa determinada.

La clave de la selección del mago es pasar por todo el proceso sin titubear, y sin dar a entender que vas inventando las reglas sobre la marcha. Ensáyala varias veces en privado de manera que consigas manipular al voluntario siempre, sin vacilar. Cuando hayas dominado esta técnica, te será útil en muchos otros trucos de magia en el futuro.

Soy el primero en reconocer que la selección del mago con cinco objetos parece muy compleja en el papel. Lo que sigue a continuación no es lectura de vacaciones. Pero una vez que la pones en práctica, es muy sencilla.

Así funciona: empieza por mostrar las cinco fotos (pon la de Tom Cruise en el lugar 2 o en el 4, ya que, por alguna razón, las personas suelen escoger más a menudo esas fotos que las de los extremos).

"Debo confesar que me apresuro a comprar revistas donde vienen listas de personajes como 'Los mejor vestidos' o 'Los más guapos del universo', que se publican año tras año. Y aquí tengo algunos de los ganadores: cinco de las mejores y más deslumbrantes estrellas de Hollywood. ¿Podrías elegir dos de entre estas fotos?".

Hay que tener cuidado con las palabras que usas en esta artimaña de la selección del mago. Si usas el verbo "escoger", eso implicará que las fotos escogidas son las que siguen en el juego, cuando pueden ser las que vayas a eliminar.

Cuando el voluntario elige dos fotos, el camino se bifurca. Tu siguiente paso depende de si Tom Cruise fue o no una de las fotos que el voluntario tomó o si te quedaste tú con ella.

Si el voluntario ha elegido a Tom Cruise, de inmediato elimina las tres fotos restantes, dejándolas sobre la mesa. Ya han sido eliminadas. Con eso, las alternativas pasan de ser cinco a dos (si has mezclado a Tom Cruise con estrellas que desaten menos pasiones, hay muchas probabilidades de que esté entre las que ha elegido el voluntario).

"Bien. Ahora necesito que me entregues una foto de las dos que tienes".

Nuevamente, vas a hacer un juego de rapidez mental. Si el voluntario te entrega la foto de Tom Cruise, sostenla para admirarla. "Ajá, Tom Cruise. ¿Te gusta este actor? Seguramente no has visto su película *Cocktail*. Bueno, entonces, nos quedamos con Tom Cruise".

Pero si el voluntario te entrega la otra foto, descártala de inmediato (dejándola en la mesa). Tom Cruise queda en manos del voluntario. Señala la foto: "Así que nos quedamos con Tom Cruise, ¿no? Perfecto".

Ya estás listo. El público estará convencido de que acaba de ver a un voluntario que escogió la foto de Tom Cruise. Ahora puedes agradecerle al voluntario su colaboración e invitarlo a que se siente de nuevo. Puedes saltar al paso 8.

Si Tom Cruise se queda en tus manos: "Muy bien, puedes dejar esas fotos a un lado por el momento", le dices a tu voluntario (refiriéndote a las dos fotos que ha elegido). Tienes tres fotos en tus manos, y una de ellas es la de Tom Cruise.

"Ahora toma dos de las que me quedan". Una vez más, tendrás que pensar con rapidez.

Si el voluntario elige las dos que no son la de Tom Cruise, ya llegaste adonde querías. "Y así nos quedamos con esta megaestrella de cine y taquilla, ¡Tom Cruise!". Puedes pedirle a tu voluntario que vuelva a su lugar, y saltar al paso 8.

Pero si en esta segunda ronda el voluntario escoge la foto de Tom Cruise y otra, tendrás que pasar a una tercera ronda. Deshazte de la foto que queda en tus manos, señala las que tiene el voluntario y di: "Bien, será una de esas dos. ¿Cuál debo tomar?".

Mira cómo funciona el poder de las palabras. Tal como preguntas, es imposible saber si lo que quieres es que te diga qué foto escoge o cuál descarta.

Si te entrega la foto de Tom Cruise, es el momento de enseñarla con gesto triunfante. Si te entrega la otra foto, señala la que tu voluntario tiene en la mano, la de Tom Cruise. De cualquier manera, remata toda la maniobra con una frase: "Entonces, nos quedamos con Tom Cruise".

El esquema de la figura 11-4 ilustra todos los posibles resultados de esta selección del mago con cinco elementos. Ver el esquema te ayudará a seguir los pasos que acabo de explicar. Si lo que consigue es confundirte más, y hacerte pensar que soy un *freak* informático desatado, olvídate del esquema. En lugar de eso, concéntrate en la lógica de esta artimaña: debes mantener a Tom Cruise en el juego, sin importar lo que suceda. Cíñete a las siguientes reglas:

- Siempre que te quedes con fotos que no incluyan la de Tom Cruise, deshazte de ellas.

- Siempre que tu voluntario tenga dos fotos en la mano, pídele que te entregue una.

De cualquier manera, tarde o temprano te quedarás únicamente con la foto de Tom Cruise.

8. **Pon un toque de énfasis al momento crucial de descubrir el marco.**

"Muy bien. Entre todas las estrellas del cine, escogiste a Tom Cruise. Lo más increíble de todo esto es que no hace falta controlar mi sistema de marco digital de altísima tecnología con botones o interruptores, sino que se pone a funcionar con la mente. Tiene sensores que detectan las ondas cerebrales y las convierten en imágenes digitales".

Haz una pausa. Demuestra que te das cuenta de que nadie entre los asistentes cree una palabra de lo que estás diciendo.

"¿Cómo? ¿No me creen? Pero si soy un mago. ¿Para qué les iba a contar mentiras? Es cierto. Van a ver: somos un grupo de personas pensando en Tom Cruise. Si instalé correctamente las pilas, veremos que lo que hay en el portarretrato es...".

9. **Retira el pañuelo que cubre el marco, dejando ver la foto que contiene (foto E).**

"¡Una foto de Tom Cruise!".

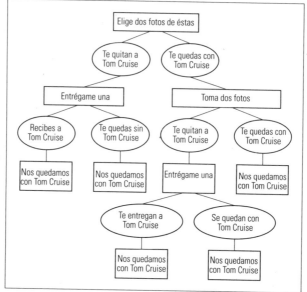

Figura 11-4:
La maniobra
de la
selección del
mago implica
pensar con
rapidez,
y aquí se
muestran los
resultados
posibles

Lo que resulta especialmente impactante de este truco es que implica una sorpresa doble: por un lado, el marco de repente contiene una foto, ¡y además resulta ser la foto correcta!

El misterio del asesinato en la fiesta

En esencia, este último truco del libro no es más que un efecto de mentalismo muy bueno, a pesar de su sencillez. Son los artificios del mago (o sea, la sensación que evocas, la historia del cruel asesinato, la habilidad psicológica que despliegas, el hecho de que te estás enfrentando al grupo de asistentes) los que lo elevan al nivel de un misterio inolvidable.

No necesitarás muchos elementos para este truco, fuera de un grupo de personas entre las cuales haya al menos un amigo tuyo.

El efecto: Recortas una silueta humana de papel, que hará de víctima indefensa. Pones esta figura de papel junto al arma asesina (un lápiz, por ejemplo) en el suelo, en el centro de la habitación. Sales del recinto y, mientras estás fuera, uno de los espectadores se levanta, apuñala a la figura de papel con el lápiz y vuelve a sentarse.

Luego, ya puedes volver a entrar en el cuarto. Te mueves despacio entre el público, miras a los ojos a cada persona, y retas a todos y cada uno a no delatarse respirando con nerviosismo o sudando copiosamente. Cuando el grupo empieza a preocuparse de verdad, te plantas frente a una persona y la acusas de asesinato. Y por supuesto, aciertas.

El secreto: Sabes quién fue el asesino porque alguien, tu cómplice, te hace la señal convenida. Hay más información sobre los cómplices de magos en el capítulo 6 (en el truco "Monte con tres objetos"). Por lo pronto, basta con decir que no debes usar la estrategia del cómplice con frecuencia en tu repertorio de trucos. Resérvala para trucos como éste, donde contribuyen a un impacto máximo.

En este truco, tu asistente silencioso te señala la identidad del asesino sentándose exactamente en la misma posición que el culpable. (Le habrás explicado el truco a este discreto amigo antes de ejecutarlo.) Cuando vuelves a entrar en la habitación, sabes quién es el asesino. El resto lo hace tu habilidad teatral.

1. **Recorta una figura humana de papel mientras relatas la historia.**

La manera más sencilla de hacer una silueta humana de papel es doblar una hoja por la mitad y cortarla, siguiendo el perfil esquemático del lado de un cuerpo humano. Cuando despliegas la hoja doblada, tendrás un cuerpo entero y simétrico para la víctima.

Empieza a relatar la historia mientras vas cortando la figura de papel. "Apuesto a que aquí hay muchos aficionados a las novelas de detectives o a las películas en las que hay que descubrir a un asesino. Les propongo que juguemos a un juego semejante, de crimen y suspense".

Presenta al archimillonario señor Snee, y también al instrumento de su perdición.

"Éste es el señor Snee, un banquero poco conocido, que resulta ser el hombre más rico del mundo después de Bill Gates".

"Lo que el señor Snee no sabe es que mañana va a amanecer muerto, con esta daga clavada en el corazón".

"Y para jugar a nuestro juego, voy a salir de esta habitación. Cuando esté fuera, un voluntario entre ustedes hará de asesino, para lo cual deberá tomar el arma y apuñalar al pobre señor en pleno corazón".

Puedes añadir un toque siniestro al dibujar un corazón en el lugar indicado de la figura del señor Snee, para ayudar a que el asesino encuentre el punto débil de la víctima. Deja la figura de papel y el lápiz en el centro de la sala (bien sea en el suelo o en una mesa).

"Una vez que se haya cometido el crimen, el asesino puede volver a su lugar y se debe desatar el alboroto por la muerte, que servirá para que yo, el audaz detective, vuelva e intente resolver el misterio del asesino. ¿Entendido? Ya me voy".

2. Abandona la habitación.

Debes salir del cuarto, para que así ningún sabelotodo pueda decir después que el éxito del truco se debe a que estabas mirando de reojo, allí presente en el cuarto. Si puedes encerrarte en un baño cercano o en un clóset, genial. O si puedes salir y que te vean por la ventana, de espaldas, también saldrá bien. En otras presentaciones de este truco, pues es uno de los pocos que pueden repetirse ante el mismo público, podrás llevarte a un miembro del público que garantice que no ves el lugar donde se comete el "asesinato".

Cuando hayas salido del cuarto y alguien haya apuñalado a la figura de papel, te llamarán. Hay grupos de espectadores que arman un gran escándalo, fingiendo un asesinato real. Otros se limitan a mandar a alguien para llamarte. La respuesta del grupo depende de las personas que lo forman, de la hora del día y del lugar donde se hace el truco.

3. Entra de nuevo en la habitación, en tu mejor personificación de detective.

"¡Oh, no!", puedes exclamar, fingiendo estar horrorizado al ver el cadáver. "No, no puede ser. ¡Es el señor Snee!".

Levanta la figura de papel y el lápiz. Retira el lápiz, huélelo. Examina con cuidado la "herida" de la figura de papel.

"Alguien asesinó a un inocente que, a pesar de ser el segundo hombre más rico del mundo, era inocente. Este horrible crimen debe ser castigado y yo, el brillante detective Davidini (o cualquier otro nombre que se te ocurra, pues ése es el mío) intentaré encontrar al culpable".

"Quien haya cometido este crimen seguramente cree que está a salvo, y que no hay evidencias en su contra. Pero ahí es donde se equivoca, mi estimado culpable, pues su propio cuerpo lo delata. Al mirar directamente a los ojos a todos y cada uno de los aquí presentes, sabré quién es, de la misma manera que un detector de mentiras sabe quién miente: por su respiración, porque transpira, porque se le acelera el pulso. Y más que nada, por sus ojos, porque uno no puede controlar la dilatación de las pupilas cuando se siente culpable".

En este momento, ya sabes quién es el culpable. ¿Cómo? Muy sencillo. Ya le echaste una mirada a tu cómplice, que está sentado en la misma posición que el culpable. Los brazos, las manos, las piernas, la postura en general, todo debe parecerse.

Pero no hay que ser demasiado estrictos con este sistema. Supón que el asesino está sentado en el suelo y tu cómplice en una silla. No debe pasarse al suelo, pues no hace falta. Si el culpable tiene un vaso en la mano y tu cómplice no, no hay problema. Lo que debe hacer es imitar su posición, para verse aproximadamente igual. Eso te permitirá captar la idea, ya que no suele suceder que dos personas estén exactamente en la misma posición en una fiesta. (Y si el culpable cambia de posición, tu cómplice puede hacerlo también, aunque con discreción.)

Mira la figura 11-5. Tu aliado es el tipo de gafas que está en el centro del sofá, y está imitando la posición de otro de los presentes. ¿Sabes la de cuál? Por supuesto que sí, a pesar de que esta persona no esté en el sofá y tenga un vaso en la mano.

4. **Deja el lápiz y el papel y empieza a caminar por el cuarto. Detente ante cada uno de los presentes, y míralos a los ojos durante un buen rato.**

Figura 11-5: Tu cómplice es el hombre de gafas y camisa a rayas. ¿Sabes quién es el asesino?

Exagera tu actuación, parándote frente a cada uno de los asistentes el tiempo suficiente para hacerles pensar que quizás puedes ver cómo se les dilatan las pupilas.

Lleva a cabo esta especie de interrogatorio silencioso de cada uno de los presentes. A lo mejor te resulta extraño estudiar los ojos de tu cómplice, pero recuerda que todo esto lo haces en nombre del arte mágico. Examinar los ojos de tus amigos es raro, y aun más cuando llegas a tu cómplice, pero debes hacerlo como parte de tu rutina de detective. Hazlo siempre, pues es un punto crucial de este poderoso truco. Además, aquí es donde descubres cuáles de tus amigos han estado usando lentillas de colores desde hace años.

5. **Tras examinar cara a cara a los presentes, colócate delante de uno de los inocentes.**

Pronuncia la última parte de la plática delante de uno de los invitados que no sea ni el culpable ni tu cómplice, de manera que todos piensen que vas a echar a perder el truco con una equivocación garrafal.

"Ahora sabemos que el culpable está en esta habitación. Sabemos que nadie ha dicho nada, pero el cuerpo humano es muy particular. El cerebro envía señales, aunque no lo sepamos, y no podemos hacer nada al respecto. Menos aún cuando el asunto es de culpa y remordimiento por un asesinato. Y así fue como supe que el asesino es...".

6. **Gira sobre tus talones y señala al verdadero homicida.**

"Éste... ¡Ja, ja, ja, ja, jaaaaaaa!".

Haz que tu risa suene diabólica, e interrúmpela de repente. Pregunta con humildad: "¿Me equivoco?".

Por supuesto que no.

No hay muchos trucos que puedan repetirse sin que el misterio quede al descubierto, pero éste sí. Puedes volver a pasar por el asesinato y el interrogatorio dos o tres veces, siempre y cuando el público quiera verlo de nuevo. Repetir el truco es muy útil cuando hay sabelotodos convencidos de que hiciste trampa, como mirar sin que nadie se diera cuenta, o adivinar la respuesta por pura suerte.

No esperes ver fuegos artificiales de entusiasmo en las caras de los asistentes después de este truco increíble. Te vas a encontrar con expresiones de sorpresa.

Pero en el fondo, todos estarán impresionados, y eso puedes verlo en sus ojos.

Parte V

Los decálogos

The 5th Wave — Rich Tennant

"...y el billete desaparece. Se esfuma como por arte de magia. Y solamente yo, el increíble Juan, ocultador de todas las cosas de valor, sé dónde está".

En esta parte...

¿**P**or qué incluimos una serie de listas? Porque son concisas e informativas, y ponen punto final al libro.

Aquí encontrarás información para continuar tu educación como mago: diez reglas básicas de la magia, diez magos que influyeron en la historia y el desarrollo de la magia, y diez excusas para decir cuando los trucos no salen tan bien como esperábamos.

Capítulo 12

Diez reglas básicas
de la magia

· ·

A lo largo de los capítulos de este libro he señalado algunas de las reglas técnicas de la magia. A continuación encontrarás diez recomendaciones que serán como una brújula para ponerte en el estado mental adecuado para este nuevo pasatiempo.

Nunca reveles el truco, nunca jamás

Incluso si jamás has aprendido un truco de magia, quizás hayas oído esta recomendación: nunca digas cómo se hace.

Parece sencillo, pero espera que tu pareja, la persona con la que sales, tu papá, tu jefe o tu hijo te mire directamente a los ojos, sin parpadear, y te ruegue: "Anda, dime cómo se hace. No voy a contárselo a nadie. ¿Qué tiene de malo? Dime, ¿sí? ¿Cuál es el problema? Anda".

No lo hagas.

Vamos a ver: en el momento en que concluyes un truco, has creado una distorsión de personalidad momentánea: en un sentido muy sutil, has logrado algo que ellos no pueden hacer. Durante una fracción de segundo, has dejado clara tu superioridad sin ofender a nadie. No sólo eso, además has insinuado, en la mente de tu público, una mínima posibilidad de que hiciste magia de verdad. Has creado cierto nivel de duda.

Pero si en ese momento cuentas el truco, vas a destruir tu propia aura de autoridad. La gente sabrá que no eres mago de verdad y que además eres ingenuo. De hecho, después de eso se sentirá superior por haberte obligado a revelar tus métodos.

Lo peor, mucho peor, es que revelar el truco borra esa duda deliciosa que flotaba en la mente de tu público. Con eso destruyes la naciente creencia microscópica de que lo imposible a veces puede ser posible. Ya lo creas o no, descubrir el truco no hace que el público se sienta mejor, sino que se sienta fatal. Deja un mal sabor de boca, pues no sólo le has engañado, sino que además sus esperanzas inconscientes de haber presenciado un pequeño milagro quedan anuladas.

Hace unos cuantos años estaba dando un curso de magia en Nueva York. Uno de mis estudiantes no aceptó este consejo. Después de la clase, fue a casa y le mostró a su hijita uno de los trucos. "¿Cómo lo has hecho, papá?", le preguntó ella después. Y es que su hija no era cualquier niñita de cinco años: era rubia, con rizos, y tenía unos ojazos azules que lo miraban suplicantes: "Anda, papá, cuéntamelo".

Así que cedió, y le contó cómo funcionaba el truco. La niña estalló en lágrimas y salió corriendo del cuarto.

Pocos adultos estallan en llanto cuando uno les cuenta el truco. Pero en el fondo de su corazón, se sienten tan decepcionados como esa niñita.

No repitas el mismo truco

Como norma general, no repitas un truco durante la misma sesión sin importar los ruegos del público. Al repetirlo, ya no tienes el factor sorpresa a tu favor, y eso permite que los espectadores encuentren el secreto de cómo lo hiciste. Y eso, como sabes, no es bueno. En lugar de eso, opta por marcharte, cambiar de tema o avanzar al siguiente truco.

Por otro lado, unos poquísimos trucos están diseñados para repetirse. En este libro los he señalado. Son trucos menos sorprendentes pero, como resulta casi imposible encontrar el secreto, el misterio se acrecienta cuanto más repites el truco.

Comienza en el momento adecuado

Cuando estás iniciándote como mago y ensayando trucos, no está mal importunar un poco a los demás, tu pareja, tu mamá o tu compañero de oficina, para mostrarles un nuevo truco.

Pero en público mantente a distancia. Haz trucos en momentos en los que no suceda nada más, y sólo si alguien expresa interés. Haz trucos después de pedir en el restaurante, pero antes de que llegue la comida. Haz trucos cuando la conversación decae o mientras esperas la cuenta o un taxi, o en una cola.

Y, por supuesto, haz trucos cuando alguien te lo pida.

Termina en el momento adecuado

Saber cuándo terminar con la sesión de magia es tan importante como saber cuándo empezar. No se pierde nada al acabar demasiado pronto. Si haces un solo truco y lo dejas, tendrás éxito. Tu público se quedará con ganas de más, con ganas de verte de nuevo, de estar cerca de ti, y eso es bueno. Si haces tres buenos trucos y no sucede nada, todavía vas por buen camino. De hecho, te habrás mostrado ya no sólo como alguien que sabe un truco, sino como un mago de verdad.

Si haces trucos durante 45 minutos y al terminar cada uno el aplauso es cada vez menos evidente, la sesión ha sido demasiado larga. Te has convertido en un molesto aprendiz de mago.

Respeta a tu público

Si me lo preguntan, no hay nada más patético que un mago que se burla de su público. Recuerda que tus espectadores están ahí animándote, te dedican tiempo para satisfacer tu hábito de ser el centro de atracción, y compensarlos con una mofa de su apariencia o su comportamiento es injusto. (Si nunca se te llega a cruzar por la mente insultar a tu público, ¡fantástico! Seguro que no has visto a algunos de los magos que me han tocado a mí.)

Por otro lado, está muy bien recompensar al público, especialmente a los voluntarios que te ayudan con los trucos. En este libro figuran algunos trucos en los cuales puedes afirmar que no fuiste tú sino el voluntario quien realizó la magia. No pierdes tu arte al elogiar así a quien te ayuda. Impresionarás a todo el mundo mostrando que eres una persona generosa y segura.

Jeff McBride, un famoso mago ilusionista y consejero de nuestro libro, dice lo siguiente: "Un buen mago no da a entender que es mago y que los demás no lo son. Un buen mago sostiene que es mago y que todos los demás también lo pueden llegar a ser".

Ajusta los trucos a los espectadores

No todos los trucos de magia son adecuados para todos los públicos. Ser un buen mago implica tener la versatilidad suficiente como para adaptarse a situaciones y personas diferentes. Por ejemplo:

✔ Los niños en edad preescolar creen en la magia, pero no saben leer el reloj ni contar dinero. Así que los trucos que incluyen monedas, cartas, lectura de la mente y otros artificios no muy coloridos ni divertidos van a resultarles aburridos. (Además, trucos que impliquen tijeras, cerillas y otros riesgos tampoco son recomendables.)

✔ ¿La función será al aire libre? Si hay probabilidades de viento, es mejor olvidarse de los trucos con cartas, cerillas o tiras de papel, a menos que tu idea de actuación implique perseguir los objetos de magia por todas partes.

Ten presente la escala de la función. Si vas a presentarte en un escenario, en un auditorio, olvídate de los trucos que requieren cercanía. Y no descuides los ángulos: si el público va a rodearte en círculo, no presentes los trucos cuyo secreto podrían ver quienes estén detrás de ti.

Un buen truco vale más que diez en preparación

Voy a ser muy sincero: con suerte, de aquí a un año estarás haciendo unos cinco trucos de los de este libro.

Así es como funcionan los libros de magia, y las cintas y las clases. A pesar de que se describan cientos, apenas unos cuantos se adaptan a tu estilo, o a tu entorno, a las cosas que llevas contigo, a tu dedicación, a tu afición a la plática, etc. Cuando me va bien, consigo sacar un truco de un libro en particular para añadirlo a mi repertorio. Espero que este libro tenga un promedio más alto, por dos razones: la primera es que todos los trucos están pensados para principiantes. La segunda, porque ya les he quitado todos los adornos que podrían complicarlos.

Si aprendes bien cinco o seis trucos, que pules hasta estar seguro de que no cometerás ningún error, y la gente que te ve hacerlos queda encantada, has logrado todo lo que se puede pedir. Te van a considerar un mago de verdad, con talento, el alma de la fiesta.

En cambio, si intentas hacer muchos trucos que no salen bien, el público no va a divertirse ni a quedarse admirado, y tú parecerás un tonto. A nadie le gusta un truco cuyo secreto puede adivinar.

Aprende sólo unos trucos y domínalos.

Sigue adelante

Una de las tristes verdades de la vida de los magos es que hay días en que nada sale bien. Puede ser que los espectadores adivinen el secreto y te lo hagan saber a gritos. O que los asistentes a una fiesta se levanten en plena función para irse a servir otro trago, y que luego no vuelvan. O que saques una carta de una baraja y resulte ser la equivocada. El fracaso forma parte del aprendizaje. No importa lo grande que sea tu habilidad, las circunstancias a veces te lanzan un golpe bajo.

La mejor manera de afrontar estos contratiempos es reírte de ti mismo, recitar alguna frase cómica de desaprobación (ver el capítulo 14) y pasar al siguiente truco (si aún tienes público). Más tarde, podrás "practicarle una autopsia" a tu truco fallido: ¿qué has hecho para que fracasara? ¿Practicaste lo suficiente? ¿Te equivocaste con el público?

Pero sigue adelante, que desistir no te va a hacer mejorar. En lugar de eso, compórtate como los grandes magos lo hacen frente a sus metidas de pata: practica y sigue presentándote.

Representa tu papel

El afamado ilusionista francés Jean-Eugène Robert-Houdin dijo una vez que un mago es "un actor que interpreta el papel de mago". Ese consejo de siglo y medio de antigüedad puede tener un valor incalculable a la hora de hacer los trucos de este libro.

En otras palabras, si no tomas en serio tu magia y los trucos acaban pareciendo actos que salen bien por pura casualidad, tu público los interpretará de esa manera y subestimarán lo que haces.

Quienes te miran no saben cómo se hace la magia. Y sí, muchos de ellos no pensarán que tienes poderes mágicos, pero te permiten que los convenzas de lo contrario. Así como van al cine y quieren que Robert DeNiro los convenza de que es un psicópata, quieren que les hagas creer que la moneda realmente desapareció, que el pan ha levitado y que eres capaz de encontrar una carta con sólo decir su número y su palo.

Así que valora la oportunidad que te ofrecen de deleitarles. En tu cuarto, en privado, haz el truco sin aplicar el método secreto, e intenta imaginarte cómo se vería si funcionara por magia de verdad. Debes saber qué decir y cómo actuar al mostrar cada efecto al público, y para eso es crucial cultivar el sentido de la oportunidad. Representa el papel de mago.

Pon tu huella en cada truco

Sin duda, debes aprender todo lo que puedas de trucos y magia en funciones de otros magos. Deja que ellos te inspiren, aprende su estilo y su ritmo.

Pero de nada sirve que te limites a imitarlos. Tu función debe reflejar tu personalidad, tu estilo y tu entorno. No vas a lograr nada si, en una sesión de magia de sobremesa, haces tus trucos en silencio o acompañado por un disco de música. Un esmoquin no va a producir más que risas si eres un jovencito que va en autocar hacia la escuela.

Cuando haces un truco en un estilo que no es el adecuado, el público va a pensar que eres un poco raro. "¿Por qué se comporta así esta persona, fingiendo?", se preguntará.

En cambio, si adaptas tu magia a tu forma de vida y a tu carácter, no habrá quien te frene. Cada mago tiene su estilo. Algunos fingen genuinamente no dar crédito a lo que acaban de hacer. Otros irradian la sensación de que la magia sucede a través de ellos, y que tienen el control de lo que pasa. Hay millones de variantes para actuar y todas son buenas, siempre y cuando la que escojas sea la expresión natural de tu personalidad y sirva para realizar los trucos que haces.

Capítulo 13

Diez grandes nombres que cambiaron la historia de la magia

• •

Quizás la magia no sea la profesión más antigua, pero sí el más antiguo de los pasatiempos. Si los arqueólogos buscaran con suficiente atención, probablemente encontrarían pinturas rupestres de cavernícolas haciendo levitar huesos de mamut.

Pero la magia cambia de un lugar a otro y de un momento histórico a otro. En ciertas épocas, los magos han sido considerados figuras religiosas; en otras, representantes del diablo, y en otras apenas han sido unos tipos elegantemente vestidos con esmoquin. Este capítulo muestra diez personajes que hicieron leyenda en el mundo de la magia.

Robert-Houdin evita la guerra con un truco

Muchos consideran al mago francés Jean-Eugène Robert-Houdin (1805-1871) como el padre de la magia moderna. Antes de él, los magos se vestían con túnicas y realizaban encantamientos casi religiosos con objetos extraños. Robert-Houdin cambió todo ese panorama. Pasó a vestirse con el traje de noche de su época y utilizó objetos comunes y corrientes, acompañando sus trucos con una plática que parecía estar fundamentada en la ciencia. Robert-Houdin hacía levitar a su hijo, en cuestión de segundos lograba que un árbol diera naranjas, y construyó un autómata (una estatua mecánica capaz de moverse) que podía derrotar a los mejores jugadores de ajedrez del mundo. ¿Has oído hablar de Houdini? Pues tomó ese nombre para rendirle un tributo a su ídolo, Robert-Houdin.

En 1856, el gobierno francés pidió ayuda a este mago para sofocar los disturbios en el territorio de Argel. El motivo para acudir a él no fue su fortaleza física ni su astucia militar, sino su absoluta habilidad como mago.

Parecía que los morabitos, un grupo de sabios religiosos que además solían ejecutar trucos de magia, estaban incitando al pueblo en contra de los invasores franceses. El gobierno de Francia pidió a Robert-Houdin que viajara a Argel. Su misión era demostrar al pueblo argelino que la magia francesa era más poderosa que la local.

En una demostración de su poder, Robert-Houdin hizo el truco del baúl ligero y pesado. Invitó a una niña al escenario y le pidió que levantara un baúl pequeño, cosa que la niña hizo sin dificultad. Luego le pidió lo mismo al argelino más fuerte que encontró entre la concurrencia.

Pero después de unos pases mágicos, el forzudo argelino no pudo levantar el baúl ni un centímetro. Cuenta la leyenda que siguió intentándolo hasta que se le escapó un grito, y bajó del escenario con una hernia en la columna. Debido a sus esfuerzos por la patria, el gobierno francés entregó una medalla a Robert-Houdin.

Herrmann saca una moneda de un pan

Alexander Herrmann (1843-1896), con su negra cabellera peinada hacia atrás con fijador, su barbita puntiaguda y el bigote de manubrio de bicicleta, era el típico retrato del mago enigmático (o del mismísimo diablo). Fue famoso por sus dramáticos actos de ilusionismo y por su versión del peligroso truco de capturar una bala en plena trayectoria. Pero también destacaba en los caprichosos efectos de la magia de cerca.

Una vez, mientras esperaba su turno en una panadería, Herrmann hizo que una moneda de otro de los clientes desapareciera, para luego escoger un pan recién horneado del mostrador. Partió el pan, y dentro estaba la moneda. El panadero, sorprendido, entró en frenesí pensando que podía haber más monedas ocultas en sus panes. Empezó a destrozar cuanto pan encontró, en busca de más dinero.

Servais Le Roy, y sus sofisticadas ilusiones

Le Roy (1865-1953), cuyo nombre completo era Jean Henri Servais Le Roy, fue el cerebro que ideó un acto de magia famosísimo a finales del siglo XIX en los Estados Unidos. Combinaba prestidigitación y comedia, y se conocía con el nombre de Le Roy, Talma & Bosco. Pero lo que ha pasado a la historia es la inventiva de Le Roy a la hora de crear ilusiones sofisticadas, muchas de las cuales se ejecutan aún hoy en día.

Antes de Le Roy, muchos magos habían hecho levitar mujeres, pero su modificación fue retirar con un movimiento la tela que envolvía a la mujer, para revelar que había desaparecido. En otra de las creaciones de Le Roy, el mago envuelve una caja vacía con tres grandes pañuelos de seda, y luego éstos empiezan a danzar por todo el escenario. Al terminar el truco, tres asistentes emergen mágicamente tras cada pañuelo.

A pesar de que Le Roy inventó estos actos de ilusionismo en la misma época en que Henry Ford estaba revolucionando el mundo con su primer automóvil, todavía sorprenden a las multitudes de hoy en día.

Horace Goldin y sus rutinas veloces

En la actualidad, no es raro ver a un mago que hace su rutina de trucos a una velocidad supersónica, con lo cual mientras hace aparecer un pañuelo naranja en una mano, materializa una cacatúa en la otra, para luego hacerlos desaparecer rápidamente a lo largo de otros treinta miniclímax. El padre de ese ritmo frenético en la magia fue Horace Goldin (1873-1939).

El origen de este estilo apresurado fue la necesidad: Goldin, cuyo verdadero nombre era Hyman

Goldstein, tenía un marcado acento polaco y era notoriamente tartamudo. Esas dos características provocaban que este mago no pudiera acompañar sus trucos con la habitual plática. En lugar de eso, agrupaba 45 trucos en un espectáculo de 17 minutos de apariciones, desapariciones y transformaciones. Su ilusión más famosa era la clásica de partir a una mujer en dos con un serrucho, truco que, según algunos, él inventó.

Houdini se vuelve peligroso

Harry Houdini (1874-1926), el mago más famoso de todos los tiempos, no siempre fue reconocido. Cuando estaba en sus comienzos, antes de dejar su verdadero nombre (que era Erich Weiss), Houdini ejecutaba trucos que implicaban pequeños efectos, casi siempre trucos de cartas y algún que otro número de escapismo, en los mal pagados escenarios de los pequeños museos de aquella época.

Cierto día, deprimido y en bancarrota, Houdini no tuvo dinero siquiera para comprar un billete de tren. La necesidad lo inspiró y tuvo una idea repentina. Con unas esposas se ató a los rieles, confiado en que el conductor del tren se detendría y, al ver su situación desesperada, lo llevaría a su destino. Sin embargo, eso no fue lo que sucedió: otro pasajero pagó el billete de Houdini, impaciente porque el tren arrancara de nuevo.

Además del viaje gratis, Houdini obtuvo algo más de ese episodio, algo mucho más valioso. Se dio cuenta en ese momento de que el riesgo vende. Poco después, empezó a incorporar elementos similares de circunstancias de vida o muerte a sus rutinas de escapismo. Al salir de los olvidados escenarios de los museos locales a lugares al aire libre, con mayores condiciones de riesgo, este mago se labró una fama internacional. Desde ese momento, los trucos de Houdini se hicieron cada vez más dramáticos: liberarse de una camisa de fuerza mientras pendía de una altura de treinta pisos, por ejemplo, o salir de un baúl cerrado que era sumergido en agua a temperaturas bajísimas.

Blackstone salva a su público

Más de un joven (o adulto) soñaba con hacer carrera como mago después de ver una función de Harry Blackstone (1885-1965), cuyo verdadero nombre era Harry Broughton. Durante sus presentaciones, el famoso Blackstone ejecutaba proezas imposibles, como hacer levitar un foco o bombilla por encima del público o lograr que un pañuelo bailara por el escenario.

Un sábado cualquiera, en la función de la tarde, Blackstone y su grupo recibieron la visita del capitán de bomberos, quien les pidió que evacuaran el teatro pues el local vecino, una farmacia, se estaba incendiando. Había varios recipientes de sustancias volátiles consumiéndose. Podía producirse una explosión y también existía el riesgo de que el teatro se llenara de gases venenosos.

Blackstone se dio cuenta de que el público, aterrado, podía salir en estampida y provocar heridas a la gran cantidad de niños asistentes. Con resolución, apareció en el escenario y dio las instrucciones de evacuación como parte de un truco. Anunció que quería ejecutar la mayor ilusión posible, pero que era tan grande que debían observarla desde fuera del teatro. Blackstone y sus ayudantes hicieron que el público formara filas, y los ayudaron a salir ordenadamente hasta dejarlos a salvo en el exterior.

Joseph Dunninger combina el mentalismo y los mass media

Dunninger, brillante y excéntrico mentalista (1892-1975), fue el primer mago que se aprovechó de la radio y la televisión.

Durante años, muchos mentalistas habían ejecutado trucos muy notorios, como leer la mente de los políticos o conducir por una ciudad con los ojos vendados, pero Dunninger elevó la escala de este tipo de actos.

Gracias a la cobertura de los medios, como radio y televisión, tuvo a su alcance un público mucho mayor para presenciar sus hazañas. Ante todos los televidentes de los Estados Unidos, leyó la mente de celebridades como el jugador de beisbol Babe Ruth, el papa Pío XII, Thomas Alva Edison y Franklin Delano Roosevelt. Dunninger también escogió lugares muy particulares para sus actos de magia. Por ejemplo, una vez adivinó el nombre y la dirección del destinatario de una carta que el jefe nacional de correos tenía en su mano en la central de correos. Otra vez, leyó la mente de las personas que se lanzaban en paracaídas desde una torre en el parque de diversiones de Coney Island, en Brooklyn.

Cardini y la magia muda

Richard Valentine Pitchord, cuyo nombre artístico fue Cardini (1899-1973), se convirtió en modelo para muchos magos.

Su acto era inolvidable. Vestido con esmoquin y un monóculo, Cardini entraba en el escenario tambaleándose, simulando ser un caballero inglés borracho y bajo algún hechizo. Al tratar de quitarse los guantes, de sus dedos empezaban a brotar abanicos de cartas, una y otra y otra vez. No importaba cuántas veces dejara caer las barajas en el escenario, pues aparecían más en sus dedos, al parecer en contra de su voluntad. Cientos de cartas cubrían el suelo del escenario, mientras el pobre Cardini, "borracho", intentaba quitarse los guantes.

Y las cartas no eran lo único que le enredaba la vida al mago. También aparecían cigarros, desaparecían cigarrillos, había bolas de billar que cambiaban de color, flores de solapa que se giraban, pañuelos de seda que se desataban solos, todo con la inimitable gracia de Cardini, que no pronunciaba una sola palabra.

Slydini, un mago para públicos pequeños

Al igual que muchos otros magos cuyos trucos se describirían como micromagia, Tony Slydini (cuyo verdadero nombre era Quintino Marucci, 1901-1991) nunca llegó a ser conocido entre el gran público. La razón era muy sencilla: casi siempre hacía sus sesiones de magia en una mesa, rodeada por un pequeño grupo de espectadores, y no en enormes auditorios, lugares más adecuados para los grandes ilusionistas. Pero entre los magos, Slydini tuvo una influencia gigantesca e inspiró a decenas de magos a imitar sus elegantes trucos de micromagia, que no requerían prácticamente de ningún otro objeto.

No había muchos magos que se presentaran en público en Argentina, donde se crió Slydini. Debido a esto, el habilidoso joven tuvo que crear sus propios movimientos, sutilezas y rutinas. Con sólo unas cuantas monedas, algunas hojas de papel, una baraja, cigarrillos y el cierre de una antigua cartera ya rota, Slydini creó unos de los trucos más elegantes y originales de su época.

Ed Marlo y la obsesión de las cartas

Edward Malkowski (1913-1992) tuvo una influencia muy poderosa en el loco mundo de la cartomagia. Bajo el nombre de Ed Marlo, su pseudónimo artístico, escribió más de sesenta libros que tratan sobre todos y cada uno de los aspectos de magia con cartas, y contribuyó con más de dos mil trucos y variaciones a esta forma de arte.

Obviamente, Marlo estaba obsesionado con las cartas. Por ejemplo, una noche dos magos colegas suyos, junto con sus esposas, invitaron a Marlo y a su mujer a cenar para celebrar su cumpleaños. De camino al restaurante, uno de los magos le contó a

Marlo un nuevo truco que había visto, ante lo cual Marlo sacó una baraja y empezó a imaginar la manera de hacerlo, y se aisló del resto del mundo. Al llegar al estacionamiento, Marlo tenía las cartas esparcidas en todo el asiento trasero del coche.

El mago que conducía le entregó las llaves al vigilante, y el grupo se bajó para ir al restaurante. Al poco de entrar, uno de los magos se detuvo en seco y preguntó: "Un momento. ¿Dónde está Ed?".

Corrieron de vuelta al estacionamiento, buscaron al muchacho que había estacionado el coche, y le preguntaron: "Disculpe: ¿vio al caballero que venía con nosotros?". El vigilante asintió. "¿Se refiere al tipo de las cartas? Está en el coche. Se quedó en el asiento trasero. Jugando cartas".

Los magos corrieron escaleras arriba y encontraron el coche. Allí estaba Ed Marlo, encorvado sobre las cartas. Abrieron la puerta y le gritaron: "¿Qué haces, Ed?".

Y todo lo que respondió Ed fue: "Estoy tratando de averiguar el método número veinte".

Capítulo 14

Diez cosas que puedes decir cuando algo sale mal

· ·

*E*n un mundo perfecto, este capítulo no tendría por qué existir. El punto de vista ideal sería decir que uno nunca hace las cosas mal. Debes practicar un truco hasta que seas capaz de no cometer errores.

Desgraciadamente, la vida no es así. La mala suerte y las circunstancias asoman sus cabezotas en cada esquina. La magia también tiene sus días malos. Habrá funciones en las que el globo no explote como se espera, o la cinta no se adhiera, o el voluntario no coopere.

Cuando un truco sale mal, los magos con estilo no se retiran huyendo del escenario y dejan la magia para dedicarse a coleccionar estampitas. Más bien se lo toman en broma, se recuperan del golpe (si es posible hacerlo) y si no se lanzan al siguiente truco.

El público estará dispuesto a perdonarte un error, o más, cuando vea que eres una persona recursiva e ingeniosa en cualquier circunstancia. Para ofrecerte material de salvamento, aquí hay diez cosas que puedes decir cuando un truco no te sale:

✔ Se me olvidó compensar el efecto rotacional de la Tierra.

✔ En la tienda de magia funcionó muy bien.

✔ ¡Por favor: soy médico, no mago!

✔ Siento curiosidad por saber cómo voy a salir de este embrollo.

✔ El verdadero mago aparecerá en unos momentos.

✔ (Debe gritarse por encima del hombro, mirando hacia atrás:) Enciendan el coche, ¡y no se vayan sin mí!

✔ A decir verdad, tengo un récord muy consistente: este truco jamás me ha funcionado.

✔ Cuando este truco me funcione, ¡no será un truco, sino un milagro!

✔ Ya sabía yo que no tenía que haber tomado tanto café.

✔ ¡Esperen, no se vayan!

Parte VI
Apéndice

The 5th Wave   Rich Tennant

Club de magos aprendices

"Sigue Roberto. Nos va a decir qué falló
con el truco de 'desaparición de avispero',
de la semana pasada".

En esta parte...

El siguiente apéndice muestra de dónde vienen los trucos contenidos en este libro.

Con esta información engañarás a más de uno.

Trucografía

Si intentamos de clasificar todos los trucos de magia del mundo, nos damos cuenta de que todos giran alrededor de un puñado de efectos básicos. Algo desaparece o se esfuma, traspasa un objeto sólido o se rompe para luego volver a su estado inicial, o bien cambia de lugar con otro objeto, levita en el aire o el mago lee la mente de un voluntario. Prácticamente a eso se reduce todo.

En consecuencia, hay mucha repetición en cuanto a efectos y a los métodos que se utilizan para lograrlos. Como anoté en la Introducción, no es posible registrar los derechos de autor de una idea, así que no existe una ley que impida que un mago incorpore alegremente a su repertorio el truco que otro inventó sin pedirle permiso.

Sin embargo, eso es algo que no sucede a menudo. Como los trucos son el medio de subsistencia de los magos y también su secreto en el oficio, los magos profesionales son extremadamente escrupulosos y siempre piden autorización para ejecutar, enseñar o publicar un truco ajeno (y los inventores suelen aceptar de forma generosa). Los magos profesionales son minuciosos al dar reconocimiento a quienes inventaron y refinaron cada uno de los efectos y métodos.

Muchos de los trucos que figuran en este libro son de "dominio público". En otras palabras, son tan antiguos que sus orígenes se pierden en la historia y nadie puede atribuirse su invención. Hay una segunda categoría, formada por los trucos que recomendaron los miembros del panteón de consejeros, que fueron creados por ellos mismos. Encontrarás que se les nombra en la introducción del truco en cuestión.

Hay también una tercera categoría de trucos sugeridos por estos consejeros, pero que tienen una historia más larga que merece ser contada. Ésta es la trucografía, o bibliografía de trucos de este libro, que representa nuestro esfuerzo por hacer un reconocimiento a los magos que, a lo largo de décadas, han diseñado y adaptado algunos de los trucos de este libro.

Capítulo 1

Escalada de paredes es un truco de Looy Simonoff y se publicó originalmente en un libro del mago Paul Harris. El nombre original del truco fue "El falso conde", porque imita la técnica de trepar paredes del conde Drácula. Cuando Looy lo ejecuta, utiliza una técnica ligeramente diferente: flexiona la pierna sobre la cual se apoya. De esa manera, cuando se "cae" del marco de la puerta, la puede estirar y parece como si se cayera hacia arriba.

Capítulo 2

El cuento del equilibrista y su cuerda floja salió de un sueño de Harry Kellar, un famoso ilusionista de salón.

Aunque el acto de ponerse un lápiz detrás de la oreja es antiguo, la idea del truco de la doble desaparición del lápiz y la moneda es de Harry Crawford. Apareció en el séptimo volumen de una serie de libros de magia, *The Tarbell Course on Magic*, que ha alimentado la mente de muchos magos aficionados y profesionales. Éste es uno de los primeros trucos que nuestro consejero Tony Spina enseña a sus alumnos principiantes, ya que ilustra muy bien un principio básico de la magia: la distracción.

Capítulo 3

Ovejas y ladrones es un excelente truco con cierta tradición, sugerencia de Johnny Thompson.

El inventor de la prueba de reflejos con siete monedas es Terry Lynn, y ha aparecido en más de un libro de magia.

El método del truco de seguirle la pista al dinero fue creación de Jack Yates. Harry Lorayne refinó la idea hasta convertirla en un acto de mentalismo y la publicó en uno de sus libros.

Capítulo 4

Los trucos de escapismo con ligas fueron creados por Stanley Collins y han figurado en muchos libros de magia.

El truco de la carta fotocopiada se lo inventó el consejero Michael Ammar, durante el proceso de filmación de un video de cartomagia o magia con cartas.

Capítulo 5

Los movimientos básicos para el truco de la decapitación con bufanda surgen de un truco de Tenkai, de
una cuerda que atraviesa su cuello.

Capítulo 6

El origen del truco de la cuchara flexible está poco
claro. Si bien la técnica de doblar cucharas es tan antigua como la tierra, el toque adicional de la moneda
se atribuye a Slydini y también a Derek Vernon.

El truco del monte con tres tazones se atribuye a Bob
Hummer, aunque también hay muchos que lo asocian
con el mentalista británico Al Koran.

Capítulo 7

El truco de la transformación del azúcar en edulcorante artificial es una creación del consejero del panteón Gregory Wilson. Se basó en una manipulación
que figura en un libro de J. C. Wagner.

El truco del azúcar que se evapora también es contribución de Gregory Wilson. En este caso, le puso
su sello a una invención de Brad Stine, que apareció
originalmente en un libro de Paul Harris.

El pan que rebota es un viejo truco que saltó a la
fama gracias a Jay Marshall.

El origen del truco del pan que levita no está claro,
pero el truco ha formado parte de los espectáculos

de magos famosos. George Schindler publicó su manipulación (que es la que figura aquí) en uno de sus libros.

Capítulo 8

El truco sin manos, confuso e imposible, se basa en barajar al estilo Honolulu, también conocido como Waikiki, que hizo famoso Eddie Fields.

Dar los ases es un truco bastante conocido y tradicional que tiene que ver con la forma de repartir las cartas. Apareció en un libro de Hugard y Braue.

El truco de la predicción que se guarda en el sobre data de finales del siglo XIX. Es obra del mago conocido como el Profesor Hoffman, quien publicó su legendario libro *Greater Magic*.

El truco de las cartas con almas gemelas es de Annemann-Fulves y fue recomendación de Jon Racherbaumer. Los magos Annemann y Fulves no son siquiera contemporáneos, pues el primero murió en los años cuarenta y el segundo es un escritor de libros de magia en la actualidad. Fulves hizo modificaciones a un efecto pensado por Annemann, y así fue como sus nombres se unieron para la posteridad.

La prueba de formar una palabra con cartas y números es un truco basado en un efecto creado por el influyente cartomago Bill Simon.

La lección de barajado fue una colaboración de Chad Long, publicada inicialmente en uno de los libros de Paul Harris.

La idea de utilizar los pies para revelar una carta (prestidigitación con los pies) fue creación de Herbert Milton en la segunda década del siglo XX. Jamy Ian Swiss le puso su sello para este libro.

El truco de la carta soñada es una invención del mago Daryl y se basa en el truco de dar los ases (mencionado en este capítulo). Otros magos han propuesto trucos semejantes, pero Daryl le añadió un carácter inolvidable al mantener la baraja en manos del voluntario y añadir el asunto de los sueños.

La baraja del futuro fue un truco ejecutado por Mike Maxwell en uno de sus videos. El truco original se atribuye a Jack Voshburgh.

Capítulo 9

El truco del anillo que se libera de la cuerda se basa en una invención del mago japonés Nemoto.

Capítulo 10

La idea de fondo de la prueba de las tres cartas percibidas al tacto es del mago Matt Schulien, hacia los años cuarenta.

El plan alternativo en la triple predicción conquistadora (el de pensar un número impar de dos dígitos que siempre acaba siendo 35 o 37) es una vieja treta, ingeniosamente refinada por Harry Lorayne.

El truco en divide y vencerás se basa en una idea excelente de Roy Baker, que él denominó "El principio Pateo".

Mark Levy inventó la prueba del libro basándose en la estrategia de los números de página en el periódico de Alan Shaxon, presidente del Círculo de Magos de Gran Bretaña, y se ha presentado cuatro veces en el Palacio de Buckingham.

La gran predicción vegetal es un giro que Johnny Thompson le dio a un viejo y conocido truco.

Capítulo 11

La foto fantasma es una invención del consejero de nuestro panteón George Schindler, y solía venderlo en catálogos y tiendas de magia.

Capítulo 13

La información histórica se tomó de los siguientes libros:

✔ *Conjuring*, de James Randy, St. Martin's Press, Nueva York, 1992.

✔ *Illustrated History of Magic*, de Milbourne y Maurine Christopher, Heineman, Portsmouth, New Hampshire, 1973, 1996.

✔ *Paul Daniels and the Story of Magic*, de John Fisher, Johnatan Cape, Londres, 1987.

✔ *The Encyclopedia of Magic and Magicians*, de T. A. Waters, Facts on File, Nueva York, 1988.

✔ *The Art of Magic*, de Douglas y Kari Hunt, Atheneum, Nueva York, 1967.

✔ *Magic: A Pictorial History of Conjurers in the Theater*, de David Price, Cornwall Books, Cranbury, New Jersey, 1985.

Johnny Thompson, George Johnstone, Richard Robinson, Billy McComb, Mike Caveney, Terry Seabrooke y Torkova contribuyeron con información adicional.

Capítulo 14

La lista de cosas graciosas para decir cuando el truco falla es producto de un ataque de creatividad de Gregory Wilson, y se complementó con comentarios ingeniosos de George Schindler.

Índice

• S •